民國歷史與文化研究

十 四 編

第 **8** 冊

讀圖鑒史
——煙畫《抗戰八年勝利畫史》考

李德生、張瑩 著

花木蘭文化事業有限公司

國家圖書館出版品預行編目資料

讀圖鑒史——煙畫《抗戰八年勝利畫史》考／李德生、張瑩
著 -- 初版 -- 新北市：花木蘭文化事業有限公司，2022〔民
111〕
目 4+152 面；19×26 公分
（民國歷史與文化研究 十四編；第 8 冊）
ISBN 978-986-518-766-8（精裝）
1.CST：中日戰爭 2.CST：戰史 3.CST：圖錄
628.08 110022101

ISBN-978-986-518-766-8

9 789865 187668

民國歷史與文化研究
十四編 第 八 冊 ISBN：978-986-518-766-8

讀圖鑒史
——煙畫《抗戰八年勝利畫史》考

作　　者	李德生、張瑩
總 編 輯	杜潔祥
副總編輯	楊嘉樂
編輯主任	許郁翎
編　　輯	張雅淋、潘玟靜、劉子瑄　美術編輯　陳逸婷
出　　版	花木蘭文化事業有限公司
發 行 人	高小娟
聯絡地址	235　新北市中和區中安街七二號十三樓
	電話：02-2923-1455／傳真：02-2923-1452
網　　址	http://www.huamulan.tw 信箱 service@huamulans.com
印　　刷	普羅文化出版廣告事業
初　　版	2022 年 3 月
定　　價	十四編 9 冊（精裝）台幣 30,000 元

讀圖鑒史
——煙畫《抗戰八年勝利畫史》考

李德生、張瑩 著

作者簡介

　　李德生，生於 1945 年，原籍北京。旅居加拿大，為加拿大文化更新研究中心研究員。從事中國戲劇和東方民俗之研究。著述出版如下：

《煙畫三百六十行》（臺灣漢聲出版公司出版 2001 年）

《煙畫的研究》[日] 川床邦夫譯（日本經濟研究所出版 2005 年）

《束胸的歷史與禁革》（花木蘭文化事業有限公司出版 2021 年）

《粉戲》（花木蘭文化事業有限公司出版 2021 年）

《血粉戲及其劇本十五種》（上中下冊）（花木蘭文化事業有限公司出版 2021 年）

《京劇名票錄》（上下冊）（花木蘭文化事業有限公司出版 2021 年）

《禁戲（增訂本)》（花木蘭文化事業有限公司出版 2021 年）

《炕與炕文化》（花木蘭文化事業有限公司出版 2021 年）

《煙雲畫憶》（花木蘭文化事業有限公司出版 2021 年）

　　張瑩，籍貫北京，旅居加拿大，係加拿大華楓藝術家聯誼會理事、作家。畢業於首都師範大學中文系，曾任教於首都經貿大學，從事大學語文課程的編寫工作和文學創作活動。著有《星火抗戰》一書。

提　　要

　　炙熱於上世紀前半葉的香煙畫片，曾隨著紙煙的擴散，以數以億計般地海量、水銀泄地般地散流於都市民間和廣袤的鄉鎮農村。在商人的眼中，它是促銷紙煙的宣傳品：在文化人的手裏，它是值得一看的欣賞品：而在婦孺兒童的手裏，則是可愛的玩物。它那斑斕多彩的圖畫和無所不包的內容，著實吸引著不同階層人士的愛撫。

　　但是，在日寇侵華、國難當頭之際，這些小小的畫片則變成了極富戰鬥性的利劍和投槍，變成了控訴敵人罪惡的號外，變成了喚醒民眾奮勇抗敵的號角。它以生動的畫面、巨大的數量和迅速的傳播，激發著全民抗戰的激情。同時，它以圖像真實地記述了這一段中國軍民可歌可泣的戰鬥歷程。

　　抗戰勝利之際，上海裕華煙草公司總經理愛國商人何英傑，為了鼓舞人民迎接新生活的鬥志，注入資金、聘請畫家，設計出版了一套美倫美奐的巨製煙畫《抗戰八年勝利畫史》。從「盧溝事變」、「佟趙殉國」畫起，一直畫到「日本投降」。八年間，各大戰役和重大事件盡述其中。問世之後，受到各界的讚揚和標炳。新中國成立後，出於政治原因這套作品被誤定為「反動煙畫」，予以查禁。此後，歷經種種運動，這套煙畫已消滅殆盡，苟能幸存者，幾如隋珠和璧。筆者積二十餘年的蒐集，終於在同好的幫助下獲得全豹。今當抗戰勝利七十五週年之際，特與花木蘭文化事業有限公司合作，將《抗戰八年勝利畫史》全圖刊出，供讀者「讀圖鑒史」，以志紀念。

目次

上卷　煙畫《抗戰八年勝利畫史》考

一、煙畫，其稱文小而其指極大

大家要問，什麼是煙畫呢？上了年紀的人都知道，而且在孩提時期都曾收集過、把玩過的一種附在香煙包內的小畫片兒。人們俗稱為煙畫、洋畫兒、香煙牌子、毛片兒或公仔紙。它的大小不過盈寸，或單色、或七色印刷，內容十分豐富，古今故事、時裝美女、風景名勝、花鳥魚蟲、飛禽走獸、市井民俗、政治時事，無所不包，無所不有。在上個世紀二、三十年代隨著香煙的熱賣，這些小畫片風行一時，深受社會各階層的喜愛，尤其對青少年影響最大。

煙畫原是煙草公司發行的一種小廣告，在出版物尚不發達的時代，它便成為一種大眾文化的傳媒，具有強大的社會影響力。煙畫不僅具有文化傳播功能，商業促銷功能，在國家民族面臨危亡之秋的抗戰時期，這些小小的煙畫還煥發出強大的政治宣傳功能。愛國的煙草商、愛國的廣告畫畫家們，他們精心設計發行的抗日煙畫，與其他形式的抗戰宣傳品一樣，起著揭露敵人、喚醒民眾、鼓舞士氣、抗擊侵略者的巨大作用。一向語出驚人的鄭逸梅先生〔註1〕曾借用司馬遷評價《離騷》的話，來讚美這些並不入流的香煙畫片時說；「其文約，其志潔、其辭微，其稱文小而其指極大，舉類邇而見義遠也。」〔註2〕

二、《抗戰煙畫》是擲向敵寇的投槍

1931 年 9 月 18 日，駐中國東北的日本關東軍，炮擊了中國東北軍的北大營，並向瀋陽發起進攻，製造了震驚中外的「九‧一八」事變。瀋陽公安總隊同日軍展開了激烈的巷戰，但寡不敵眾，所有中國警察、憲兵均被日軍繳械。東北當局設於瀋陽的黨、政、軍、財、教育等機關，以及兵工廠，飛機場，銀行等單位，全被日軍佔領。省長臧式毅〔註3〕被日軍俘虜。次日，關東

〔註1〕鄭逸梅（1895～1992），祖籍安徽歙縣，生於上海，原名鞠願宗，號逸梅，筆名陸鳩、疏影。鄭逸梅先生自 1913 年起就在報刊發表文字，至耄耋之年仍然揮筆不輟，一生撰又一千萬字，被譽為報刊「補白大工」。代表作有《藝林散葉》，《文苑花絮》等。

〔註2〕「其文約，其辭微，其稱文小而其指極大。」語出司馬遷《屈原列傳》。

〔註3〕臧式毅：臧式毅（1885～1956），字奉久，原籍山東高密縣城臧家王吳，生於遼寧瀋陽蘇家屯區沙河鋪前三道崗子村。早年追隨孫烈臣。後受張作霖及張學良賞識，任東三省保安總司令部中將參謀長、遼寧省主席職。

軍向遼寧、吉林和黑龍江廣大地區進攻，唯黑龍江省主席馬占山將軍〔註4〕率領他的部下浴血苦戰，終因寡不敵眾，短短 4 個多月，東北三省全部淪陷，三千多萬父老鄉親瞬間成了亡國奴。

福昌煙草公司出品的「918」牌和「馬占山將軍」牌香煙的煙標

〔註 4〕馬占山出身於綠林，發跡於奉系。早年任清軍哨長；後任黑龍江省騎兵總指揮和黑河警備司令。1931 年九‧一八」事變後，馬占山在黑龍江省會齊齊哈爾就任黑龍江省政府代理主席兼軍事總指揮，率領愛國官兵奮起抵抗日本侵略軍。他指揮的江橋戰役，打響了中國人民抵抗日本侵略的第一槍。 為世人稱讚愛國將軍。

　　消息傳來，舉國震驚，在全國軍民疾呼抗日，奪回東北的吶喊聲中，上海商界、煙草界亦大為震動。中國福昌煙公司總經理黃楚九和周繼庭〔註5〕，與全體員工拍案而起。他們將該廠名牌產品「紫金山」牌香煙，改為「918」牌和「馬占山將軍」牌，一起推向市場。這一代表工商界的愛國旗幟，受到了舉國的歡迎和讚揚。周繼庭在《申報》刊登廣告稱：「黑龍江省主席馬占山將軍鐵血衛國，將男兒自強，精忠神勇，萬古流芳。」並聲明要將所得利潤，將全部支持抗戰！福昌煙草公司的創舉，也迎得了《申報》東北前線記者的大力支持。他們把實地拍攝的照片迅速地交付給福昌煙草公司廣告部，印製發行了兩大套《日軍侵華紀實》煙畫，附贈在「918」牌和「馬占山將軍」牌香煙包內，廣為散發。這兩套煙畫詳實地揭露日寇侵略東北的暴行。這種以抗日品牌附贈抗日煙畫的方式，開創了用香煙畫片鼓舞群眾，號召抗日，化「玩物為投槍」的始俑先河。

　　抗日煙畫的面市，社會反響異常強烈。不僅使福昌煙草公司的名聲大噪，也便這兩個品牌的香煙銷路倍增。工廠連夜加班，依然供不應求。不少分銷商終日泡在工廠門口排隊等貨。他們說：「就憑香煙包裹的畫片，我們多賣一箱，就是為東北的父老鄉親多出一口氣！就是讓小日本早一天滾蛋！」

福昌煙草公司出品的《日軍侵華紀實》煙畫

〔註5〕上海福昌煙草公司原為巨商黃楚九創建，因其涉獵多種經營，過於投機，管理不善，致使債務累累，官司纏身，後轉由周繼庭先生經營，企業扭虧為贏。

在福昌煙草公司的帶動下，許多煙草公司都認識到，利用自己產品的品牌和小小的煙畫宣傳抗日，不僅是件本行本份的事情，也是向社會貢獻力量，奉獻報國的赤子之心。於是，「愛國」牌、「大刀」牌、「三省」牌、「抗敵」牌、「醒獅」牌香煙紛紛登場，反映出同仇敵愾、舉國抗暴的無比激憤。

接著，創立於 1926 年的中國福新煙草公司〔註6〕亦步武前賢，將名牌產品「金字塔」和「福爾摩斯」牌香煙改為「大刀」牌，擺出了誓與日寇決一死戰的架式，並且，根據前方的戰鬥信息，設計出版了著名的抗日煙畫《東北義軍抗日記》。這組煙畫是以著名的「江橋戰役」〔註7〕為中心，描述了東北抗日義勇軍在長白山、三江平原、小興安嶺等地開展游擊戰的英勇事蹟。發行以後，大長了國民抗日的信心和決心。

福昌煙草公司出品的《日軍侵華紀實》煙畫

福新煙草公司總經理丁柏泉受過高等教育，秉承實業救國的思想，對日本侵略東北義憤填膺，在淞滬戰事期間，全力支持抗戰，捐款、義賣，做了很

〔註6〕上海福新煙草公司：創立於 1926 年，由丁厚卿獨資接盤原江蘇煙廠改設，廠址在上海菜市路雲成里，資本 5 萬元。創立初期，由於成本高盈餘甚微，一年後資本虧折。後由長子丁柏泉任經理，由於經營得當，產品暢銷，扭虧為盈。雖晝夜開工，產品仍供不應求。

〔註7〕江橋抗戰：1931 年 11 月 4 日，黑龍江省主席馬占山帶領東北軍在江橋阻擊日本侵略軍的一場戰爭。日軍以優勢炮火和飛機、坦克掩護，形成拉鋸，最終取得勝利。南京政府多次發電予以嘉獎。

多有益的工作。這組《東北義軍抗日記》和此後發行的《一‧二八戰事》等煙畫，都屬於愛國救亡的上乘之作，在近代廣告史上有著巨大的影響。

福新煙草公司出品的「大刀」牌香煙的煙標

福昌煙草公司出品的《東北抗聯戰鬥畫》煙畫

　　日軍佔領東三省之後，賊心不死，繼續揮師南侵。製造了「一·二八事變」，淞滬戰爭〔註8〕爆發。創辦於1925年的上海和興煙草公司，經理姚維熊是一位聰明能幹的企業家，市場經驗豐富，經營管理有方，所產「紅妹」、「時髦」牌香煙，向以「質量好、煙味甜」享譽市場，暢銷不衰。「一·二八事變」，上海全城沸騰，人們以各種行動，支持十九路軍的頑強抵抗，聲討日寇犯下的種種罪惡。和興煙草公司廠址位於成都北路277號。離戰事爆發點較近，工廠廠房在戰火中遭受破壞，一些住在閘北的職工遭到日本飛機的轟炸，以至家破人亡。姚維熊義憤填膺，怒不可遏，在撫慰救助員工的同時，積極與《申報》記者部聯繫合作，把他們實地拍攝的「日寇侵略上海的罪行」照片，製成玻璃版，印製發行了一大套《一·二八戰事》的單色煙畫，附在「紅妹」牌香煙包內，隨煙散發。將日寇在滬犯下的種種罪行廣泛地告知群眾。同時，也把這些附有畫片的香煙，無償地捐送到堅守陣地的士兵手中，將他們不怕犧牲、堅決抗日的精神和戰鬥形象永標青史。這種來自後方的支持，深深地鼓舞著前線戰士們奮勇殺敵的決心。

　　這套煙畫是分三批印刷，陸續出品的，兩個月內一共發行了110幀，印數逾萬。此事在當時稱得上是煙草界的一大壯舉，在中國廣告史上也寫下了光輝的一頁。

　　上海中和煙草公司廠址設在在上海塘山路40號。因是多家股東投資，基礎雄厚，實力較強，在煙廠屬集的上海佔有相當地位。該廠生產《中和牌》、《玉兔牌》、《華麗牌》、《如意牌》等牌號的香煙，經久不衰。「一二八」淞滬戰爭期間，生產和原料供應受到很大影響，住在閘北地區的員工，因戰事戒嚴，也不能上班，業務幾近停頓。然而，全廠愛國員工鬥志不竭，一經復工，全體加班加點生產，且響應公司號召，多創利潤支持前線。公司經理盧某親自聯繫圖片社的畫師，根據諸報的新聞報導，繪製了這套《淞滬禦日戰事畫》煙畫，前圖後文，圖文並茂，真實具體地描述了淞滬戰爭的部分過程。尤其八百壯士苦戰四行倉庫〔註9〕的壯烈行為，莫不牽動著國人的戰敵的神經。此

〔註8〕淞滬抗戰：是九一八事變之後，日本為了轉移國際視線，並迫使國民政府屈服，於1932年1月28日晚發動的進攻上海中國守軍的事件。第十九路軍奮起抵抗，給日軍以迎頭痛擊。日軍對我軍發動了四次總攻，均遭敗績，日軍死傷慘重。

〔註9〕四行倉庫，全稱「四行信託部滬分部倉庫」，位於上海蘇州河北岸、新垃圾橋

組畫片隨「中和」牌、「玉兔」牌香煙面世後，受到民眾的熱烈歡迎。

上海和興煙草公司出品的《一・二八戰事》的煙畫

西北角，民國二十六年（1937年）淞滬會戰時任國民革命軍第 88 師 524 團
副團長的謝晉元帶領「八百壯士」，與日本軍隊在這裡鏖戰了四晝夜。

雲南紙煙廠出品的《七七》牌香煙的煙標

上海大城煙草公司出品的《八百壯士》牌香煙的煙標

　　南洋兄弟煙草公司是上海最大一間民營煙草公司。它的營銷策略一直是以「愛國」為宗旨，號召「中國人堵絕漏卮、維護利權」，深受國人支持。公司設有龐大的廣告部，高薪聘請技藝高超的畫師從事繪畫設計和宣傳工作。數十年間出品了許多精美的廣告、招貼、月份牌和煙畫，都是煙畫中的上乘之作。在全民族憤怒的抗戰聲中，南洋兄弟煙草公司也開動了宣傳機器，廣告部身先士卒，繪製、發行了許多抗日宣傳品。它出品的《一‧二八戰事實錄》煙畫，便是其中之一。他們將在抗日前線拍攝的新聞圖片反覆精選，用藥水處理後，使其變成棕色照片。再由技術人員使用德國透明染料手工著色，使之變成彩色照片。定型以後，再進行分色製版。這樣，印出來的煙畫層次鮮明、五彩繽紛，更生動地反映出抗敵戰士們的英勇形象。這種工藝現在看來十分落後，可在八十年前，還是印刷術的一項先進的發明。這套煙畫共計35 枚，附贈於該廠出品的「愛國」牌香煙之內散發。上市之時，正是淞滬戰事處在膠著時期，對鼓舞軍民鬥志起著巨大作用。

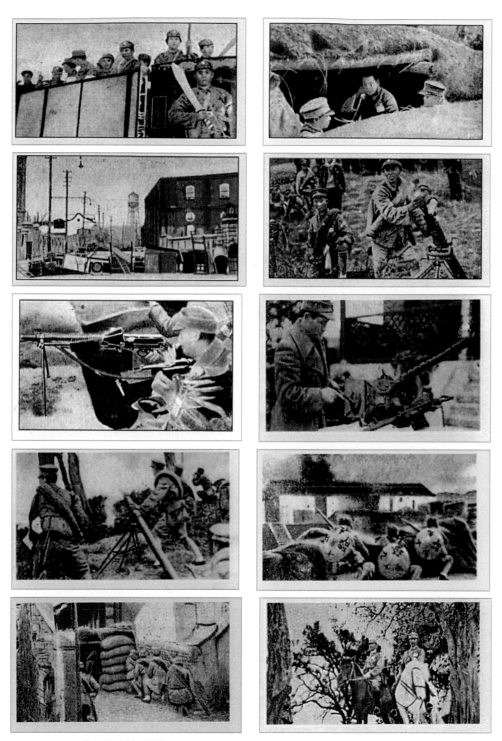

南洋兄弟煙草公司出品的《一‧二八戰事實錄》煙畫

　　中國華達煙草公司創建於 1927 年，該廠生產的「玉獅」、「中央」、「好運道」牌香煙，在上海很有名氣。「淞滬戰爭」期間，為了聲援抗戰，聲援十九路軍，與其他抗日愛國煙廠一樣，出版發行了《十九路軍血戰圖》，更是振奮人心之作。

　　十九路軍的前身是粵軍第一師第四團，1926 年改為國民革命軍第四軍，北伐期間屢建奇功，被譽為「鐵軍」。1930 年，編為國民政府軍十九路軍，由蔣光鼐為總指揮，蔡廷鍇為軍長。「九‧一八」事變，十九路軍調防上海。當日軍突然向駐守閘北的第十九路軍發起攻擊時，十九路軍奮起抵抗與敵人浴血奮戰。一時間眾望所歸，成為在全中國聲名大噪的抗日軍隊。

　　這組煙畫共為 20 枚，為水彩手繪作品，藝術地再現了十九路軍的步兵、騎兵、炮兵冒著烽煙炮火、槍林彈雨與日寇決一死戰的場面。因為發行量不多，能保存至今的實屬鳳毛麟角。

上海華過煙草公司出品的《一‧二八戰事實錄》煙畫

　　淞滬戰事爆發之際，中和煙草公司出版了一套丁悚畫的《抗日救國》煙畫一套。是以上海女界參與淞滬戰事為主題，記述了當時的女學生、女青年、職業女性及家庭主婦們不甘落後，紛紛奔赴戰場，與男兒一起並肩作戰，充當後勤、醫護，救治傷員等英雄事蹟。也是一組難得的佳作。

中和煙草公司出品的《抗日救國》煙畫

　　位於上海華德路 941 號中南煙草有限公司，是一家小型煙廠，廠內職工不到一百人。經理余長勝經營有方口碑良好。該廠的廣告做得好，投入大。在煙畫的出品印製方面，他不惜工的。「淞滬抗戰」時期，余長勝不甘人後，用重金設計畫稿 30 枚，其中即有「無辜百姓在轟炸中傷亡」、「各地難民擁入臨時避難所」等場面，又有「國軍炮火擊落敵機」、「十九路軍戰士浴血殺敵」的場景。印刷特點是色彩明快，生動感人。其中一枚以紅色戰火為背景，以剪影的形式描繪一名身背炸藥包、手持刺刀的戰士躍出戰壕，奮不顧身地衝向敵陣的英勇形象。在整個抗日戰爭期間，這張圖畫被廣泛地用於招貼、圖書、畫報上，影響極大。

中南煙草公司出品的《抗日救國》煙畫

　　總之，這一時期出版的抗戰煙畫多如牛毛，難以勝數。僅就筆者所藏和一些文獻統計，從「九一八」日寇侵華起，我國大小煙草公司和捲煙廠先後出品發行的在抗日煙畫不下百種之多，隨煙分發散入民間的畫片何止數億。現將其中一些設計精美，影響巨大的著名煙畫和廠家簡述如下：

　　《日軍侵華紀實》福昌煙草公司出品，大片全套 10 枚。黑白照相版。

　　《九一八紀實》福昌煙草公司出品，小片全套 20 枚。墨綠照相版。

　　《東北義軍抗日記》福新煙草公司出品，小片全套 20 枚。鋼筆淡彩畫。

《東北抗聯戰鬥記》崑崙煙草公司出品，小片全套不詳。彩繪。

《抗日聯軍抗日記》中和煙草公司出品，小片全套不詳。彩繪。

《民眾抗日》民眾煙草公司出品，小片全套 12 枚。彩繪。

《淞滬抗戰實錄》和興煙草公司出品，小片全套 100 枚。黑白照相版。

《淞滬抗戰實錄》中南煙草公司出品，小片全套 100 枚。黑白照相版。

《淞滬戰事畫》德興煙草公司出品，小片全套 20 枚。彩繪。

《一二八戰事》昌明煙草公司出品，小片全套 20 枚。黑白照相版。

《淞滬禦日戰事畫》三山煙草公司出品，小片全套 20 枚。彩繪。

《淞滬大戰》民眾煙草公司出品，小片全套 20 枚。彩繪。

《十九路軍抗日實錄》南洋兄弟煙草公司出品，小片全套 28 枚。彩色照相版。

《十九路軍血戰圖》民眾煙草公司出品，小片全套 20 枚。彩繪。

《抗日英雄蔡廷鍇》中國一新煙行出品，小片全套不詳。彩色照相版。

《抗日英雄譜》中國久益煙草公司出品，小片全套不詳。單色照相版。

《淞滬戰後遺存錄》白背，出品單位不詳，大片全套不詳。單色照相版。

《流民圖》中國天華煙廠出品，大片全套 12 枚，彩繪。

《新式武器》南洋兄弟煙草公司出品，小片全套 40 枚。彩色照相版。

《蔣光鼐和十九路軍》白背，出品單位不詳，大片全套不詳。單色照相版。

如此林林總總，不一而足。

為了鼓舞抗敵士氣，華菲煙公司出品了「大勝利」牌香煙，所獲利潤全部支持前線。

《淞滬戰爭實錄》白背

出品單位不詳，大片單色照相版。

　　既使在抗戰進入低潮，汪逆叛國，上海處於「孤島」的時期，反映抗戰內容的煙畫依然照出無誤。只是以「借古喻今」、抵禦外辱，立志圖強、投筆從戎等內容和形式不斷的出現。如南洋兄弟煙草公司出品的大套煙畫《岳飛傳》、江南製造廠出品的《薛仁貴征東》，華成煙草公司出品的戲劇煙畫《梁紅玉擊鼓抗金兵》,《楊家將》、《岳母刺字》、《史可法》等等，均以旁敲側擊、借古喻今的方式，向日寇和叛國者擲出一枚枚重磅炸彈！

上海德興煙草公司出品的《淞滬戰事畫》煙畫

　　這些小小的畫片不僅僅是歷史的見證，更是民心民意憤怒的抗爭！可以說，在八年全民的浴血抗戰中，小小的煙畫與其他愛國傳媒一樣共盡所以，力盡棉薄，書寫了一部光輝燦爛的抗戰篇章，在以圖記史方面做出了巨大的貢獻！這些激動人心的抗戰煙畫，在抗日宣傳的戰場上，所向披靡、催枯拉朽、功不可沒。能夠存於今日的每一幀作品，都是我國抗戰歷史的見證。

　　彼時，有人為小童創作了一首《拍手歌》，歌中唱道：

　　　　小小煙卡真叫棒，方寸內有大文章。

　　　　平時是我娛樂品，戰時就是紅纓槍。

　　　　衝鋒陷陣馬前卒，搖旗吶喊震四方。

　　　　軍民見我哈哈笑，鬼子見我就慌張。

　　　　我有煙畫千百萬，嚇得日寇早滾蛋！

　　1945 年 8 月 14 日，日本政府正式接受《波茨坦公告》，無條件投降。八年之久的抗日戰爭勝利結束，世界反法西斯戰爭也落下帷幕。9 月 9 日，岡村寧次向何應欽遞交了投降書。同日，國民政府對全國軍民和世界人士宣布：「我們的正義必然戰勝過強權的真理，終於得到它最後的證明」。中國軍民艱苦卓絕的八年抗戰最終贏得了勝利，舉國民眾彈冠相慶、終夜狂歡，惡夢終於結束了！消息傳來，舉國歡慶，全國人民沉醉於經久不息的歡樂之中。工、農、商、學、兵，機關社團、書報雜誌，各以不同的形式來紀念這一通過艱苦卓絕的鬥爭，贏來的偉大勝利。

　　工商界、煙草界也為了振奮、為之狂歡。即便在經濟困難的情況下，他們又燃起了出版煙畫以志慶賀的熱情。上海越東協記煙廠率先發行了兩套 20 枚，大片彩繪煙畫《抗戰大事記》。上海匯眾煙草公司也出品了全套 120 枚的大片彩繪煙畫《抗戰勝利紀念》。

　　但是，上海越東協記煙廠發行的大片煙畫《抗戰大事記》和上海匯眾煙草公司出品《抗戰勝利紀念》，其初衷和立意十分可佳，而因設計潦草、出版倉促，效果並不理想。越東協記煙廠發行的《抗戰大事記》是分上下兩組推出，上組分十個畫面，分別是「抗日肇始」、「重創出雲」、「少女獻旗」、「南京屠城」等。面市時間為同年十一月。下組則在翌年二月面市，分別為「長沙大捷」、「滇緬遠征」、「日寇投降」等，因篇幅有限，反映抗戰大事並不面。

為了慶祝抗戰勝利，李香蘭煙莊出品了「大勝利」牌香煙。

上海越東協記煙廠發行的兩套 20 枚大片彩繪煙畫《抗戰大事記》

上海匯眾煙草公司出品的全套 120 枚大片彩繪煙畫《抗戰勝利紀念》

　　而上海匯眾煙草公司發行的大型煙畫《抗戰八年勝利畫史》，儘管篇幅巨大，全套有 120 枚之多。但同樣犯有以上錯誤，首先是筆墨不足，內容空泛，僅包括「廬山訓話」、「淞滬戰爭」和「日本投降」三個部分，其他戰事均未涉及，不能反映抗戰全貌，這不能不說是一大遺憾。同時，出版者急於求成，全套煙畫繪製粗糙，說明簡略，印製欠精。故在 1945 年 12 月底面市之後，社會反映平平，並沒造成什麼轟動效應。出版者最大的失誤是，圖大、圖快、圖省事，並沒有做好這一具有史詩性的大塊文章。

三、《抗戰八年勝利畫史》隆重登場

上海裕華煙草公司〔註10〕本其所長，精心設計出版了一套構建恢宏的煙畫——《抗戰八年勝利畫史》，在「慶祝日本投降一週年」之前問世了。

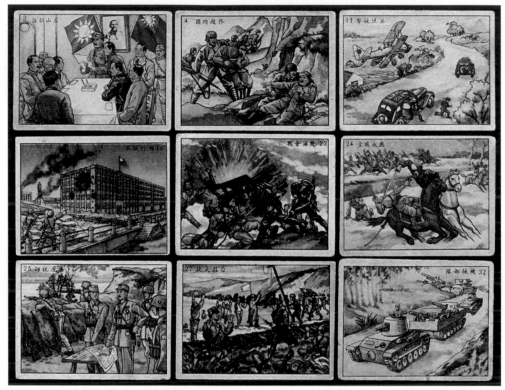

上海裕華煙草公司出版的大型煙畫《抗戰八年勝利畫史》的部分作品

這套《畫史》，是我國煙畫出版史中最後出版、也是最精彩的一套傑作，更是最系統地記錄和描繪我國軍民八年抗戰史的一套非凡巨製。全套作品為大片膠印，每枚規格為 52×68mm，七色彩印，前圖後文，圖文並茂。分別置於該公司出產的名牌產品「紅士牌」、「友啤牌」〔註11〕的香煙包內，隨煙贈送。全套煙畫原設計為 120 枚，但因內戰爆起，時局突變，實際面市 80 枚。

〔註10〕裕華煙草公司：據《上海煙草志》《1903～1948 年上海主要民族煙廠情況表》載；裕華煙草股份有限公司建於 1943 年，廠址；中正南二路 272 號。資本金法幣 2 億元。法人；何英傑。月產 1500～2100 箱／5 萬支。

〔註11〕「紅士牌」和「友啤牌」都是上海裕華煙草公司生產的名牌產品。「紅士」的意思是北美印地安戰士驍勇善戰，隱喻內含美國白肋煙草，剛勁味厚。「友啤牌」亦稱「UB」牌，是借用建於 1912 年的上海斯堪的納維亞啤酒廠所生產的啤酒的品牌名。以彰顯香煙的品質。此品牌在上海極有名氣，盡人皆知。

而就是這 80 枚畫面，便足以證實了它的文獻價值。煙畫是從「盧溝橋畔」、「盧山訓話」、「佟趙殉國」畫起，其間「淞戰爆發」、「四行孤軍」、「南京大屠」、「隴海會戰」、「臺莊大捷」、「焦土禦敵」、「襲珍珠港」、「中原大戰」、「死守衡陽」、「轟炸東京」等一系列重大事件盡入圖中。每幀圖畫的背面，都印有正楷書寫的說明文字，言簡意賅地描述事件的始末，俱實可信、堪稱圖鑒。

據筆者粗略統計，當年，裕華煙草公司生產的「紅土」和「友啤」兩種品牌香煙，僅以每年各產一萬大箱計算（每一大箱 1200 條，合 12,400 包香煙，既發放香煙畫片 12,400 枚），每年發行這套煙畫兩億多枚。1946 年 8 月至 1949 年終止發行的這三年多的時間內，僅隨煙附贈的煙畫，共向全國各大城鎮及東南亞諸國發行了數億枚之多。影響之巨，足見一斑。

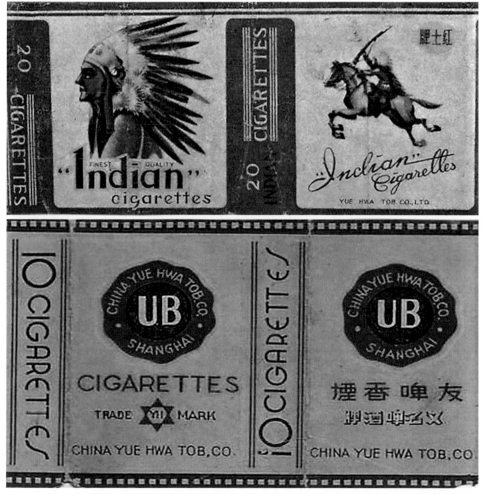

上海裕華煙草公司生產的名牌產品「紅士牌」和「友啤牌」香煙煙標

　　「紅土牌」的含義是用美國的第安人地區出產的優質煙草製造。「友啤牌」則是借用上海第一間德國啤酒的徽志「UB」命名，以志優質老牌，誠信可嘉！煙畫《抗戰八年勝利畫史》就附在這兩個名牌產品中惠贈。

四、《抗戰八年勝利畫史》與愛國商人何英傑

《大公報》報導日本投降的消息　　　　　何英傑先生之畫像

　　當年創意並主持繪製、印刷、發行這套《抗戰八年勝利畫史》煙畫是何許人？他便是苦心經營上海裕華煙草公司的總經理何英傑先生。他為《抗戰八年勝利畫史》煙畫的製作，漚心瀝血，事事親恭，做出了很大的奉獻！

　　何英傑先生，出生於清宣統末年（1911）上海浦東的一戶平民之家。因為家境貧寒，只讀了幾年私塾，十四歲無奈輟學，進了一間小小的印刷廠當學徒工。他是從燒水掃地、清潔打雜做起，歷經數年的磨練，才在師傅的指引下，逐步上機操作。加之何英傑心靈手巧、聰明好學，不幾年，印刷廠裏的各種技術工作，如製版、調色、打樣、上機、落機、切紙、修機乃至進物出貨、成本核算，無所不通。艱苦的學徒生活鍛鍊了他堅毅好強的性格，也使他學得了一套經營管理企業的本領。

　　在他剛滿二十歲的時候，就走上了獨立創業的道路。在親友的支持下，他創辦了一間規模很小的新亞印刷廠。二戰爆發前的一個偶然機會，他慧眼獨具，以極其低廉的價格，收購了一大批棄置在碼頭、無人認領的進口油墨、

紙張，囤積在自己的倉庫裏。二戰爆發時，所有的印刷材料奇缺，價格飛漲。他以商人的精明，賺到了「第一桶金」，為後來事業的發展打下了堅實的基礎。在日本佔據上海的時期，英美煙草公司受到日商的擠壓，難以經營，遂抽調資金，退出大陸。彼時，步入爾立之年的何英傑先生，看準了將來民族煙草業必有大的發展，便不惜高息借貸，接手了一批美國的原材料，創辦了上海裕華煙草股份有限公司。且以優良的質量，精心打造了「高樂」、「紅土」、「友啤」等香煙品牌。問世之後，大獲世人歡迎。其中，「紅土」是借用北美土著印第安人的圖像，隱喻美洲的白肋煙草氣味獨特、貨真價實。「友啤」牌，則是沿用德國最先進入上海的老牌啤酒之名，借喻產品老道可信。這兩個名牌香煙不僅暢銷於國內諸大城市，在東南亞、新加坡也享有盛譽。

何英傑在創業的同時，目睹了日本強盜在中國欺行霸市、倒行逆施的種種罪惡，更激發了他「實業救國」的雄心。在八年抗戰期間，向以抗日救國的滿腔熱忱，捐出了許多金錢來支持軍隊、救濟災民。在贏得抗戰全面勝利之時，他與全國人民一道歡欣鼓舞，彈冠相慶。發誓要出版一套《抗戰八年勝利畫史》，借用煙畫廣泛流傳的形式，宣示後人，莫忘抗戰血淚，增長民族志氣，篳路藍縷，發奮圖強，齊心協力地建設新中國。儘管在工廠運作資金拮据的情況下，他毅然加大投入，聘請了當時上海知名的畫家、作家在一起，伏案梳理我國軍民八年浴血抗戰的歷史。潛心規劃，精心設計，以圖述史，將舉國軍民艱苦卓絕的八年抗戰經歷，事無鉅細，盡錄其中。連貫起來，構成了一部波瀾壯闊的歷史畫卷。

何英傑先生為煙畫《抗戰八年勝利畫史》的發行設計的宣傳廣告

何英傑為煙畫《抗戰八年勝利畫史》的發行，特別設計了多幅宣傳廣告，親自撰寫了充滿激情的文字：

> 中國人不能不知！抗戰八年大事。大國民不能不看！抗戰勝利畫史！抗戰勝利乃中國歷史上最光榮之一頁。人民從此獲得真正之自由解放。國家民族亦可轉弱為強，走上建設新生之途。吾人為使此震古鑠今之偉業深印國人腦海，永誌不忘起見，爰發願編畫《抗戰八年勝利畫史》。費年餘之心力，卒告完成。全部一百廿號，隨久享盛名之『紅士牌』（『友啤』）香煙附送，每包一張。圖文並茂，精彩絕倫。國人於唏噓快覽之下，感念八年悲壯苦難。堅貞卓絕之英績，必能知所奮勉也！〔註12〕

這些話，真切地反映出何英傑先生的愛國心聲，也代表了廣大民眾的一致意願。我們從這套大型煙畫的構成作一下分析。何先生立意此為時，定是先組成一個由編輯和繪製人員的班子，從文案做起，先依照時間的順序和重要事件的經過，梳理成章，去粗取精，去偽存真地確立 120 個課題名目。再按課題名目寫出言簡意賅的說明文字，然後再請畫家本著說明文字繪製草圖。草圖繪畢，再經三審三議，進行修改，而後定稿精繪。煙畫的背子說明更不馬糊，特請書法家用隸書書寫標題，莊重嚴肅地橫排於右首。復請長於楷書的書手，用嚴謹老成的正楷字，一絲不苟地書寫說明，章法嚴謹地豎排於中央，四周加以邊框裝飾。整體看來端莊肅穆，文墨十足。製版時，精益求精，七色分明。印製時，反覆打樣，力顯原圖。如此，眾人胼手胝足，辛苦勞作，歷一年之心血，方於 1946 年秋季問世。恰置週年大慶的前夕，是商界為紀念八年抗戰獻上的一份厚禮。這套《抗戰八年勝利畫史》的發行，深受各界人士的熱烈歡迎。人們紛紛集藏傳看，成為一套緬懷歷史，教育後人的珍貴收藏。

據說，在這套煙畫方剛印畢下機之際，恰逢大儒柳亞子先生由港返滬。在工商界人士為其接風的宴會上，何英傑向亞子先生鄭重地贈送了一套帶有油墨香氣的《抗戰八年勝利畫史》。亞子先生反覆翻看、愛不釋手，交口不絕地贊道：「奇哉！偉哉！方寸畫片能述史，不廢赤子一片心哪！」興之所至，當場揮毫錄得《八月十日夜電傳倭寇乞降詩》一首，以為回贈。其詩寫道：

> 殷雷爆竹沸渝城，長夜居然曙色明。負重農工嗟力竭，貪天奸

〔註12〕見 1946 年裕華煙草公司為宣傳煙畫《抗戰八年勝利畫史》的發行，特別設計的宣傳廣告詞。

幸佟功成。橫流舉世吾滋懼，義戰能持國尚榮。翹首東南新捷報，
江淮子弟盼收京。〔註13〕

柳亞子先生小照

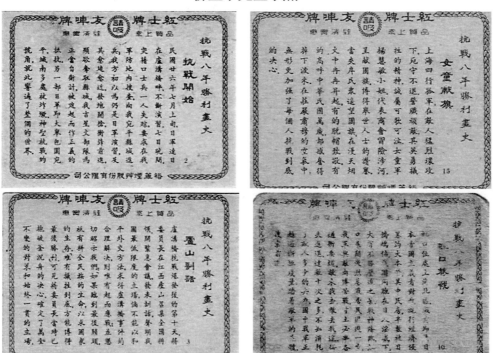

煙畫《抗戰八年勝利畫史》的說明文字背

〔註13〕見柳亞子先生詩集《八月十日夜電傳倭寇乞降詩》。

五、《抗戰八年勝利畫史》的停止發放

隨著國內戰爭爆發，短短的三、四年間，共產黨以人民戰爭打敗了國民黨的百萬軍隊，武裝取得了政權。石家莊解放後，新政府推出「依靠貧苦工人和城市貧民」的政策，開始對資本家進行清算鬥爭。消息傳出，「共產」的口號使上海、天津、北京、武漢、重慶等大城市中的民族資產階級心生畏懼，在解放軍進駐之前，紛紛關店閉廠，舉家攜款逃離大陸。有人力勸何英傑移居臺灣，但他堅持不去。自謂：「一生坦蕩，愛國恤貧，內心無愧，何故遠遁？」然而，他畢竟對新政權的政令不明，便暫時避居香港，觀潮待定。

此時，新政府也察覺到管理城市與農村革命有著根本的不同，便及時調整政策。1949 年 5 月 6 日，劉少奇出席中共天津市委擴大會議，在會上作了《關於城市管理和職工問題》的報告。特別強調，民族資產階級「不是現在我們革命的敵人，而是我們的朋友」，「有益於國計民生的資本主義允許其發展」，「資本家剝削不是太多了，而是太少了。」〔註14〕接著，又發表了《與民族資本家宋棐卿的講話》，強調「剝削有功」論，聲稱「工人階級歡迎剝削」，以穩定政權和人心。〔註15〕

同年 5 月 27 日上海解放，上海軍事管制委員會成立，第六天便成立了上海工商聯合會和市人民政府。調集素質較高的幹部，積極開展團結民族資本家，恢復生產，繁榮市面的工作。

彼時，上海裕華煙草公司在其舊部的管理下依然維持經營。鑒於時局的變化，公司管理層已隱約感到，再在「紅土」和「友啤」香煙包內附贈宣傳正面戰場抗日的《抗戰八年勝利畫史》，已不合時宜。於是，在 49 年二月便停止贈送這套畫片。80 號以後的畫作，儘管已製版印出，便也存於庫中不再發行了。

此後，「鎮壓反革命」、「抓特務」、「消滅國民黨殘渣餘孽」及「資本家集中學習改造」等一系列政治運動和思想教育運動接連不斷地搞了起來。在無產階級專政口號下，開始清算鎮壓地、富、國民黨黨政、軍、警、特人員以及各類不同政見者。裕華煙草公司生怕沾上「鼓吹國民黨、鼓吹蔣介

〔註14〕見 1949 年 5 月 6 日劉少奇在中共天津市委擴大會《關於城市管理和職工問題》的報告。

〔註15〕見 1949 年 5 月劉少奇《與民族資本家宋棐卿的講話》。在文化大革命發起之初，此講話成為劉少奇的一大罪狀。

石」特嫌，於一九五零年五月十一日，便將「採用抗戰畫片純粹是廣告性質及停止繼續採用」等情況，寫出詳細說明，連同畫片樣子一併呈報上海市人民政府工商局備案。後經工商局反覆審查鑑定，層層請示，已做出慮及「歷史因素，不予追究」的政治結論。並且歡迎勸說何英傑先生返滬，繼續辦廠。

何英傑聞之頗為安慰，幾番欲漫捲行囊返回上海的時候，一樁偶然的事情，再次將煙畫《抗戰八年勝利畫史》捲進了巨大的政治漩渦之中，使他重返上海的想法也陡生改變。

六、《抗戰八年勝利畫史》被誤定為「反動煙畫」

事情是這樣的，1951 年 2 月，有一位叫陳靜義的天津煙民，在市面上買了一包「紅士」牌香煙。打開煙包，裏面有一枚煙畫。正面印著國民黨軍隊與日寇激戰的場面，背子上印有《抗戰八年勝利畫史》，讚譽國民黨部隊與日寇決死拼殺的文字說明。這位政治覺悟很高的陳先生馬上致信《人民日報》，義憤填膺地質問：「何以在新中國誕生之後，還有人用反動畫片替國民黨反動派招魂！」〔註 16〕《人民日報》當即在《讀者來信》專欄刊登了這位陳先生的指責。

裕華煙草公司見報後，嚇得企管部門手忙腳亂，忙不迭地致信《人民日報》檢討道歉，誠惶誠恐地解釋說：

編輯同志：二月二十二日，貴報『讀者來信』欄，陳靜義同志對紅士牌香煙裏的反動畫片提出批評，這種熱情的指正，我公司非常感激。事情的經過是這樣：

我公司在一九四六年八月，為了使『紅士』牌香煙增加銷售，便繪製抗戰畫片附在小包內。至一九四九年二月乃自動將該畫片取消，改繪京劇畫片；並於本年二月五日登《光明日報》公告取消。我公司早於一九五〇年五月十一日，也曾將採用抗戰畫片純粹是廣告性質及停止採用等情況連同畫片樣子，函報上海市人民政府工商局。

京津各地批銷捲煙同行，爰將香煙收藏數年之後再慢慢出售，

〔註 16〕見 1951 年 2 月 22 日《人民日報》第二版《讀者來信》專欄刊陳靜儀指責香煙內裝反動畫片的來信。

此種習慣盡人皆知。照此情況，陳同志所買的紅士牌香煙一定是數年前的舊貨。現在我公司已於二月二十七日遵上海市工商局指示，將印刷抗戰畫片之玻璃底版及鉛皮版呈局銷毀。我們非常感謝陳同志對我們的批評，希望大家多提意見。」〔註17〕

《人民日報》對這封信冠以《對紅士牌香煙內反動畫片上海裕華煙草公司的答覆》的標題見報。從此，這類抗日題材的煙畫就帶上了「反動畫片」的政治帽子。

第一屆全國捲煙工業會議與會人員合影

彼時，正值中央財政經濟委員會與食品工業部在上海召開全國捲煙工業會議。目的是要落實陳雲關於「力爭上海主要行業（紡織、印染、紙煙等）的開工率維持到三分之二。華東的紙煙可到全國各地去銷，使上海的捲煙廠儘量恢復生產，以增加稅收」的指示，團結私營企業家，促進生產，繁榮市場。「反動畫片」的事件一經爆出，與會的煙廠經理們莫不驚慌失色。據會議代表上海裕華煙廠協理章拔炯回憶：「當時會上的氣氛十分緊張。」因為，所有與會的煙廠都曾發行過類似的「抗日煙畫」。

會議主辦方連忙解釋：「這種亂扣帽子的行徑純屬是個人行為，我們並不贊成。」轉夕，《人民日報》又以讀者陸湘的名義刊文指出：「把抗戰畫片與反動畫片混為一談，甚不妥當」〔註18〕。但是，這件事造成的影響已是覆水難收。對四十年代上半葉各煙廠出品的眾多的抗戰畫片都造成了至命的傷害。

〔註17〕見 1951 年 3 月 13 日《人，民日報》第二版《讀者來信》專欄刊《對紅士牌香煙內反動畫片上海裕華煙草公司的答覆》。
〔註18〕見 1951 年 3 月 14 日《人民日報》第二版《讀者來信》專欄刊陸湘來信。

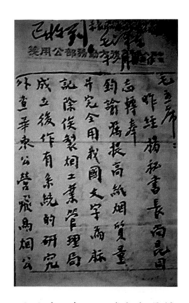

1950 年，食品工業部部長楊立三呈送了一份關於國內捲煙業發展狀況的報告，報告中提到對於香煙煙標、牌號、文字等設計問題。毛澤東對此也很重視並批示：所有黨政人員一律不要用外國及外商的紙煙，亦最好不吸私營紙煙。

時任中財委主任的陳雲

建國初期，他力主抓緊紙梱、紡織等輕工業生產抓緊恢復生產，以利稅收。並決定率先從煙草業入手，進行社會主義經濟改造。

　　彼時，正值新政權發動大規模「鎮壓反革命」、「肅清國民黨特務」運動高潮。一頂反革命的帽子不知會壓上多少人的身家性命。身在香港的何英傑聞知此事後，便放棄了上海的企業，專心在港謀求發展了。

　　是年，他成立了香港煙草有限公司，獨家代理萬寶路等外國知名香煙品牌。隨著香港經濟起飛不斷發展，其事業越做越大。到了六十年代，何英傑又開始進軍金融投資業，成功的運作，使他儕身於香港首富的前列。何英傑出身於草根階層，致富不忘家國，致富不忘貧苦大眾。晚年在香港創辦了「良友慈善基金會」，積極投身慈善事務。身體力行，捐出巨額資金，幫助香港勞苦大眾及國內同胞。1991 年，當他得知大陸華東地區遭受水災時，便義無反顧地捐款了一億港元，撥贈大陸，救助了無數災民。

他本人一生勤儉，從不靡費，食粗糧，著布衣，不吸煙、不喝酒，畢生無任何不良嗜好。對於事業，事必親躬。一生勤勉勞作，直到九十年代，以八十多歲的高齡才正式退休。將業務交給長孫何柱國主理，自己隱居於北角香港煙草公司總部頂樓，過著深居簡出的生活。直至 2000 年，何老先生因病長逝。他的一生是愛國的一生，奮鬥的一生。香港民眾對他十分尊敬，都親切地稱他「何伯」。

七、《抗戰八年勝利畫史》的蒐集整理

至於，何英傑先生在早年主持發行的煙畫《抗戰八年勝利畫史》，一直屢遭不幸。全套作品原計劃出版 120 枚，由於內戰爆發，政局變化，只發行了80 枚。其後，在大陸「以階級鬥爭為綱」的無休止的政治運動中，曾經歌頌過蔣介石和國民黨正規軍的各種文史圖書及影視作品、繪畫，當然也包括煙畫，大都誤判為「反動」的宣傳品之列。尤其，曾被《人民日報》點了名的《抗戰八年勝利畫史》，更是瀕臨滅頂之災。上海諸多煙廠在歷次轟轟烈烈的群眾運動中，揭發、追查「反動畫片」的案例頻頻發生。人們懼怕惹火燒身，散藏於民間的抗日煙畫也都被銷毀殆盡。經過 1966 年的「破四舊」和「文化大革命」，能逃過此劫的抗日煙畫，簡直就是鳳毛麟角、滄海遺珠了。

筆者是一位名不符實的煙畫收藏愛好者，收藏的抗日煙畫不多，也僅有數百枚而已。其中，最有價值的《抗戰八年勝利畫史》一直殘缺不全。筆者經過數十年的蒐集與求索，稍有進步，集得七十八枚，還差兩枚。筆者曾到上海圖書館諮詢，得到的回答是，館中的收藏都是原工部局移交的註冊煙畫，四十年代出品的就沒有了。上海馮懿有先生的私人煙畫博物館的收藏中，這套作品也不全。我所欠缺的兩枚，他那裡也沒有。為此，我還訪問過北京煙畫收藏家劉允祿先生，他則親口對我說；「我家原有一整套的《畫史》，因為內有國民黨、蔣介石，故一直不敢示人。文化大革命一起來，可把我嚇壞了，就偷偷地把它和別的抗日煙畫全都燒了。

筆者在蒐集和研究抗日煙畫時，一真想搞清楚是那些畫家設計的？繪製的？但一直毫無頭緒。因為大陸以「階級鬥爭」為綱，「清查國民黨殘渣餘孽」的運動接連不斷，諸如裕華的《抗戰八年勝利畫史》、匯眾的《抗戰勝利紀念》，以及其他大小煙廠在以前發行過的、曾經歌頌過蔣介石和國民黨正規軍的所有煙畫，都被誤判為了反動的宣傳品了。上海諸多煙廠在歷次轟轟烈烈的群

眾運動中，都有揭發、追查「反動畫片」的案例發生。

　　筆者曾與原中國美術家協會副主席鍾靈〔註 19〕先生探討過這些事，「現在的一些老畫家們，都有誰畫過煙畫呢？」他說：「在三、四十年代，畫過煙畫的人很多。但是，他們成名之後，都不說自己畫過煙畫。在畫界，畫廣告、畫月份牌、畫煙畫，都屬於雕蟲小技，上不了大雅之堂。說自己畫過煙畫，有失身份。所以，他們都不談這些事兒。據我所知，張正宇、張光宇、陳丹旭、金梅生、馬駘、丁聰的爸爸丁悚，都曾在煙草公司工作過，都畫過煙畫。至於，有關抗戰內容的煙畫是誰畫的？可就更沒處查考了。歌頌過蔣介石、國民黨，就是畫過，死也不能承認哪！這可關係到身家性命的大事兒！」所以，迄今筆者在這方面也沒有研究出什麼名堂。

　　如今時代變了，政治觀念也變了，大陸與臺灣之間之間的關係也都發生了很大的變化。人們對抗戰歷史也有了新的評價和認識。五年前，筆者曾在大陸講學時，有幸從河南《大河報》上獲悉，內蒙古自治區呼和浩特市有一位名叫伍勝利〔註 20〕的收藏家，他收藏有很多抗戰煙畫。筆者在電話中與其交談，得知他是一位在職的信訪局的幹部，專門蒐集晉綏地區抗戰文物用於研究，收藏甚豐。他對煙畫《抗戰八年勝利畫史》也極為重視。為了集齊全套，他幾乎跑遍了大江南北的古玩市場，可謂「上窮碧落下黃泉」，用了二十三年的工夫始得完豹。做為同好，筆者對他那種鍥而不捨的精神和取得的成就深表敬佩。這件事，也說明了收藏中的一個道理；「大凡有價值的東西都有靈性，儘管經磨歷劫、受盡摧殘，但千淘萬瀝之後，終有一日，仍會浮出水面。」事後，他很慷慨地將我所缺的兩圖掃描相贈。

　　筆者旅加期間，曾先後在溫哥華中信中心、列治文展覽中心和 UBC 大學亞洲圖書館舉辦過《煙畫大展》，社會反響強烈，引起海外僑胞和學界的廣泛

〔註 19〕鍾靈（1921～2007），字毓秀，別名金雨，當代著名書法家、美術家、電影家、漫畫家。山東濟南人，1938 年 7 月加入中國共產黨，後在魯迅藝術文學院美術系學習。畢業後留在陝甘寧邊區從事文化教育工作。1950 年起，鍾靈與方成合作漫畫，發表漫畫上千幅，出版了《方靈漫畫選》《方成鍾靈政治諷刺畫選集》《幽默漫畫》等畫集。1953 年，鍾靈調任中國美術家協會副秘書長。「文革」後，鍾靈進入電影界。離休前，任北京電影製片廠導演室主任。並在電影《黃土地》、電視劇《風箏情》、《駱駝祥子》、電影《邊走邊唱》中扮演過主角、配角等角色。多才多藝的他，離休後繼續在藝苑耕耘。

〔註 20〕伍勝利先生係中國內蒙自治區呼和浩特市的收藏家，是一位在職的國家幹部，專門收藏晉綏地區抗戰文物，用於研究，收穫甚豐。

關注，中、西報刊均給予了多次報導。

如今時代不同了，中國的政治、政策及兩岸關係已有了巨大的變化。對還原中國抗戰史的本來面目，提供了良好的研究空間〔註21〕。胡錦濤和習近平亦多次指出：「中國人民抗日戰爭的壯闊進程中，形成了偉大的抗戰精神，中國人民向世界展示了天下興亡、匹夫有責的愛國情懷，視死如歸、寧死不屈的民族氣節，不畏強暴、血戰到底的英雄氣概，百折不撓、堅忍不拔的必勝信念。偉大的抗戰精神，是中國人民彌足珍貴的精神財富，永遠是激勵中國人民克服一切艱難險阻、為實現中華民族偉大復興而奮鬥的強大精神動力。」並再三呼籲「海內外所有中華兒女，更加緊密地團結起來，肩負起歷史重任，以中華民族偉大復興不斷前行的新成就，告慰為中國人民抗日戰爭和世界反法西斯戰爭勝利獻出生命的所有先烈，這是我們對中國人民抗日戰爭和世界反法西斯戰爭勝利最好的紀念！」〔註22〕

筆者現將個人珍藏這部《抗戰八年勝利畫史》煙畫進行整理，編輯，與花木蘭文化出版社合作，在「紀念抗戰勝利七十五週年」即將到來之際，作為寶貴的民間抗日史料奉獻給廣大讀者，際以緬懷抗日戰爭中壯烈犧牲的無數先烈。

〔註20〕1909 年 9 月 3 日新華社報導：《國民黨軍隊為抗戰勝利所作貢獻受到積極肯定》。報導稱：描寫當年國民政府正面抗擊日本侵略的圖書《國殤》、電影《鐵血》等熱銷、熱映，大陸迄今惟一一個「國民黨抗日軍隊館」「國軍館」的設計方案，順利通過中共宣傳部門的審批，於 8 月 15 日在四川成都市大邑縣安仁鎮開放。

〔註20〕習近平 2015 年 9 月 3 日《在紀念中國人民抗日戰爭暨世界反法西斯戰爭勝利 69 週年座談會上的講話》。

下卷　《抗戰八年勝利畫史》圖錄

《抗戰八年勝利畫史》

煙畫名稱：《抗戰八年勝利畫史》

出版單位：中國裕華煙草股份有限公司

主創人：中國裕華煙草股份有限公司總經理何英傑

美術設計：中國裕華煙草股份有限公司廣告部

出版時間：1946 年 8 月

終止發行時間：1949 年 2 月

印刷規格：52mm×68mm

全套數量：120 枚

實際發行數量：80 枚

本次編輯數量：80 枚

原附贈於該廠出品的「紅土」牌、「友啤」牌香煙

1. 盧溝橋畔

　　背子說明：盧溝橋在北平西南約二十公里，屬宛平縣，扼平漢路交通要道。其東豐臺鎮，為平漢、北寧兩路接軌處。民國二十五年後，日方屢向華北增兵，在豐臺建兵營、築機場，且常在盧地實彈演習、野戰露營。當地民眾已司空見慣，敢怒不敢言。我駐軍因其地處重要，情勢特殊，深覺自己責任的艱巨。對此野心勃勃的日軍莫不小心翼翼、枕戈待旦，時在嚴密戒備中。

2. 抗戰開始

背子說明：民國二十六年七月上旬，日軍連日在盧溝橋畔，不斷演習。七日晚間，突籍口士兵一人失蹤，要求在我軍防地內搜查，向我宛平縣城進兵。我軍初以為仍是日軍演習，及其愈迫愈近，發炮開槍，衝鋒前進，顯欲奪取縣城。我吉星文部隊為正當自衛計，被迫起而作正義的抵抗。另一部日軍即大舉包圍宛平。城南多處被炸毀。神聖抗戰的號角，就此響遍了整個世界。

3. 盧山訓話

背子說明：盧溝橋抗戰爆發後十天，蔣委員長在江西盧山召集全國將領開緊急會議，發表訓話。聲明我國最低限度的立場：倘不能以和平外交方法，求得盧溝橋事件的合理解決，則唯有起而應戰。並懇切昭示我們：「如果臨到最後關頭，只有拼全民族的生命，以求國家的生存。唯有犧牲到底，方能搏得最後勝利」。可見，蔣委員長當時已抱著破釜沉舟的決心，確定了萬全不變的對策和始終一貫的立場。

4. 佟趙殉國

　　背子說明：日軍無理尋釁的驕奢橫暴，已為舉世所共知。華北戰事日趨擴大，故都北平亦遭敵軍猛攻，前方戰士無不浴血奮戰，還我河山。佟副軍長麟閣、趙師長登禹，率師阻敵於南苑團河。在敵軍猛烈炮火下，身先士卒，親自督戰。冒萬死而不辭，予敵軍以最大打擊。不幸於七月二十六日，同時壯烈陣亡。噩耗傳來，誰不為之扼腕？誰不為之肅然起敬！

5. 克復豐臺

　　背子說明：佟趙兩將軍殉國後，我同胞熱血沸騰，益增敵愾之心。日軍又向廊坊車站進擊，和平試探，遂完全絕望。此時，位在前線的天津方面，形勢突然緊張。我軍為緩敵計，即將楊村鐵橋炸毀，使平津交通斷絕。相持兩日，戰事日熾。我英勇壯士發動全力反攻。於廿八日奪回豐臺廊房。捷報傳來，民眾歡騰若狂。圖示敵軍倉惶潰退時，遺下大批軍用器械，為我方所截獲。

6. 偷襲機場

　　背子說明：日本既蓄意侵略，自不欲以外交方式解決「盧事」。在華北戰事劇烈聲中，上海方面日軍亦躍躍欲試，乘機蠢動。八月六日，日海軍陸戰隊便衣多人，駕駛汽車兩輛，經過虹橋飛機場時，突向我保安隊示威，企圖偷襲機場破壞設施。當經我方軍警喝阻，不意日軍先發制人，開槍掃射。我軍採取自衛手段，立即還擊。日軍抱頭鼠躥，懷恨而去。這豈知就伏下了滬戰爆發的導火線。

7. 淞戰爆發

　　背子說明：民國廿六年八月十三月清晨，上海日軍籍口虹橋飛機場事件，向我閘北天通庵路、橫浜橋、東寶興路一帶駐軍進攻。我七十八及八十八兩精銳師團，在保衛領土抵抗侵略的原則下，起而應戰。當時日軍誇言在二十四小時內，結束上海戰事。不料我軍將領統率有方，士氣振奮，驍勇無敵。激戰三月，斃敵十萬，打破日軍速戰速決的迷夢。確立我們最後勝利的基礎。使國際觀瞻，為之一新。

8. 空軍揚威

背子說明：滬戰爆發後的次日，我空軍轟炸機自天外飛來，與地上部隊共同呼應作戰，對浦江上的敵艦空襲。敵艦倉惶應戰，窘相畢露，而高射炮火盲目激射聲中，我勇敢的飛將軍，抱定有敵無我、有我無敵的決心，從容瞄準，予以打擊。滬市民眾在翹首凝視之下，個個感奮異常。第一次看到本國空軍的雄姿，都默祝著飛將軍的平安歸去。這是我空軍抗戰的第一炮。

9. 吳淞海戰

　　背子說明：吳淞要塞在歷次對外戰爭中，都曾發揮過無尚威力，它是上海北部的屏障，據長江、黃浦江交流入海處，形勢險要，兵家必爭。我國在戰前即築有堅固之炮臺，所以關鍵海口，使敵人不敢越雷池一步。「八一三」滬戰爆發後，日軍配合戰艦飛機，向炮臺灣密集猛攻，企圖登陸。我駐軍奮勇迎擊，大炮怒吼，加以空軍壯士的協力作戰，卒將頑敵擊退。憑著地利，造成了光輝燦爛的戰果。

10. 虹口巷戰

背子說明：虹口位置處於上海北區，戰前即為日本帝國主義者對我施行經濟侵略的大本營。其中民房半數被日僑鳩占，我國同胞在日人淫威下，大有不勝壓迫之苦。戰神降臨，虹口展開激烈巷戰，居民逃避一空，我軍與敵軍肉博苦戰，寸土必爭。各通街要道，敵來我去，敵去我追，得失進退，達數十次之多，不知消耗了敵人多少的兵力。圖中我軍正越過斷垣殘壁，踏著敵軍的屍體，搜索前進。

11. 英使被擊

　　背子說明：廿六年八月廿六日，日本在國際交誼上又添下一大暴行。那就是在英國駐華大使許閣森氏的橫遭襲擊。當時大使適由京來滬，偕其侍從人員分乘汽車兩輛，車上標有鮮明的英國旗幟，極易辨識。豈料行至半途，空中突然出現日機。初尚盤旋低飛，繼而追蹤掃射。大使當場被擊中腹部，幸急送滬醫治，得告無恙。但日軍的暴行卻昭然若揭。又一次激起全世界的憤慨，為正義人士所共棄。

12. 炸我無辜

　　背子說明：「八一三」滬戰開始，日軍揚言大舉轟炸南市。居民聞訊驚奔租界避難，呼叫擁擠於鐵門之外。八月廿八日，敵機侵入南市上空，在滬杭鐵路之南站，投擲炸彈數枚。遭炸遇難者，竟達數百人之多。皆係困集於月臺上侯車逃往四鄉之民眾。事後日方報紙尚巧辭掩飾，謂其轟炸之目標全為華軍。但根據外籍記者之調查，證實不確。因死者並無華軍在內。

13. 僧侶救護

背子說明：抗戰全面展開，戰禍益形彌漫。前線將士在敵人猛烈炮火下，前撲後繼、浴血鏖戰。後方民眾在敵機濫施轟炸下，也是焦頭爛額，死傷累累。在這種苦難形勢下，中國佛教總會毅然發起佛教救護隊，負起普度眾生的宏願。將各地寺院僧侶，加以嚴格救護訓練，會同各大慈善機關，分赴前線服務，或在後方效勞。他們這種大慈大悲、愛國愛人的佛門風度，尤值得為大眾所欽仰。

14. 九國公約

　　背子說明：日軍對我國發動瘋狂的侵略戰爭，引起世界正義人士一致的公憤。而對我國的抗戰，莫不寄予深切的同情。廿六年十月廿六日，我國特派駐法大使顧維鈞、駐英大使郭泰祺、駐比利時大使錢泰為出席九國公約會議代表。於十一月三日，在比京白魯賽爾開會要求日本停止侵略行為。議決以經濟援助我國，支持為公約尊嚴和世界和平而奮鬥的神聖抗戰。

15. 女童獻旗

背子說明：上海四行孤軍在敵人猛烈的進攻下，死守不退，誓殲頑敵。其英勇犧牲的精神，誠屬可歌可泣。女童軍楊慧敏小姐，代表商會冒險涉河，呈獻國旗。博得舉世人士的讚譽。當夾岸民眾遙望國旗在漫天煙火中冉冉升起，有的脫帽致意，有的高呼中國萬歲，都感奮得掉下淚來。在莊嚴肅穆的空氣中，無形中更加強了每個人抗戰到底的決心。

16. 四行孤軍

　　背子說明：淞滬戰線，我軍經過三月劇戰，終因戰略關係，於十月廿八日晚奉令西撤。當時掩護移動的八十八師健兒八百人，在團副謝晉元的指揮下堅守不退，誓與大上海共存亡。敵軍以小鋼炮圍攻四晝夜，屹然不動。為天地間留下浩然正氣。全國軍民，世界人士，聞風起敬，無不譽為淞滬抗戰中最光榮的一役。即在全世界抗戰史上，也是最燦爛的一頁。

17. 日軍暴行

　　背子說明：過去數十年中，日軍在法西斯跋扈專制的訓練下，養成了一種夜郎自大的習慣。他們的性格是殘酷和陰險合併而成的，種種慘無人道的事都在他們的獸掌中一件件地蠻幹出來。每當日軍佔領一地，必有一番拿手好戲，姦淫啊，搶劫啊，燒殺啊，真所謂無惡不作。這些暴虐的作為，他們是視同兒戲，漫不經意。不知道在我國人的心裏卻產生了仇恨的念頭，根深蒂固，難能磨滅。

18. 縫紉慰勞

背子說明：蔣委員長曾經曉喻我們：「地無分南北，年無老幼，無論何人，皆有守土抗戰之責任。皆應抱定犧牲一切之決心」。這幾句話，後來都實現了。當淞滬戰事的末期，天氣漸冷，上海婦女界為倡導有力出力、有錢出錢的大義，自動發起縫紉寒衣，獻給前方將士，情緒的熱烈，為從來所未有。連剛學會縫紉的女孩、年高眼花的老太太也都拋了家務，踴躍參加這項神聖的工作。給予將士們的鼓勵，無疑是很大的。

19. 長江肉彈

　　背子說明：日本鑒於滬戰的急切難下，不得不另尋出路，妄想打開戰爭的僵局，他看準我方海軍的弱點，乃派其自號大無畏艦隊的長門、陸奧二艦，乘秋潮高漲，溯長江而上，意欲偷襲我首都南京。不料我方有備無患，待時而動，飛將軍飽攜炸彈，自天而降，以無比的速率，連人帶機，向敵艦組成的火網中衝下，煙焰起處，機艦同毀。敵人寒心喪膽，從此不敢再作非分之想。

20. 大刀殺敵

　　背子說明：在現代戰爭中，新武器的發明層出不窮。勝負的決定不在雙方兵力的多少，而全憑科學競賽的結果。但這並不是說人力已一無所用。相反的在短兵相接的場合，為求得殺敵致果起見，仍不能不取決於人力。在這次抗戰中，我方的大刀隊活躍在各處前線，出入敵陣，屢建奇功。刀鋒所至，無不披靡。敵人棄甲曳兵，望風而逃，就是一個鐵證。誰說精神不能勝過物質的呢？

21. 南京大屠

　　背子說明：這是一頁震驚世界的暴行案。民國廿六年十二月十一日，日軍在侵佔南京時，竟公然簇使其部下，蹂躪我數十萬手無寸鐵的善良人民。搶劫、姦淫、燒殺，一切聞所未聞，見所未見的殘酷罪行，都在野獸似的日軍手中搬演出來。此種史無前例的大屠殺，至今全世界人類為之齒冷。在日本投降的今日，已由盟軍統帥麥克阿塞責令日人，在東京各報自行暴露其醜相。

22. 馬當沉敵

　　背子說明：日軍集中主力，向我首都南京進襲。京畿防衛本極為強固，終使敵人付出重大代價。國民政府為堅持抗戰到底的決心，貫徹最後勝利的信念，乃於廿六年十一月十七日，宣布遷都重慶。我軍相繼由浦口撤退，沿長江節節佈防，阻敵深入。日艦在馬當封鎖線外，復遭我江防部隊猛烈炮轟，傷痕累累，多有被擊沉沒者。一時戰雲蔽空，怒濤山立，形或淞海戰役又一悲壯偉大的勝利。

23. 隴海會戰

　　背子說明：隴海線大會戰，地域的遼闊、時間的長久，開戰以來未有的新記錄。洛陽、開封、歸德、鄭州各要衝，都有我大軍鎮守。司令長官白崇禧、薛岳、湯恩伯、孫連仲、張自忠等，皆各運奇謀、同立偉功。分析此次日軍之戰敗，固由於戰線綿長、兵力分散，且其師出無名，多行不義。軍士厭戰嘩變，未嘗非一大主因。日軍的連遭敗績，泥足愈陷愈深。影響其國際地位，就此一落千丈。

24. 熱血濺雪

背子說明：抗戰進行不久，華北各省相繼告急，山西因李服膺不戰而退，首先失陷。我十二戰區司令長官傅作義將軍，奉令進援，因此減弱綏東防衛，敵軍乘虛循平綏路西進，自察入綏，迫近內蒙二大重鎮歸綏、包頭。傅將軍所部馬隊星夜馳回，逞威疆場，造成空前激戰，在冰天雪地中，沸騰著殺敵的熱血，雖因彈盡援絕，終告不守。但在克盡天職、打擊敵人一點，實無愧為軍人的模範

25. 委座視師

背子說明：大家知道蔣委員長的戰時生活是非常緊張的，在日理萬機之餘，還時常冒著生命的危險，前往各戰線巡視，出入於槍林彈雨之中，親自指揮，激勵士氣。當臺兒莊大勝的前夜，他又特地遄赴前方，會同李宗仁、白崇禧二氏，視察徐州外圍的柳河，面授作戰機宜。蔣委員長這種忠心為國的偉大精神，不知感召了多少千萬為民族求解放，為國家求生存的英勇鬥士，獲致了空前輝煌的赫赫戰果。

26. 國民參政

背子說明：民國廿七年七月國民政府為集思廣益，團結全國力量，貢獻抗建大業，實施民主政治起見，決定創建國民參政會。於七月六日在漢口召開第一次大會。那時正當保衛大武漢的緊要關頭，情況更是熱烈。國民參政會是集合各黨各派的代表所組成的民意機構，深受著全國各階層熱忱的擁戴，顯示出全國上下團結禦侮、真誠合作的精神。

27. 臺莊大捷

　　背子說明：臺兒莊是魯南的一個小鎮。從廿七年三月廿三日到四月七日，差不多有半個月的血戰。經過幾十次的肉搏和混戰，幾萬幾千顆炮火的爆裂，幾十幾百輛坦克車的縱橫衝鋒；以往的繁華被摧毀盡了。但頑強的敵板垣、磯谷各師團，傷亡的傷亡，投降的投降。終被打得大敗特敗。無敵的英名也就完了。這是我們抗戰以來唯一值得紀念的大勝利。無怪世界各國，一致讚譽臺兒莊為中國的坦能堡。

28. 築矮子墓

背子說明:「可憐無定河邊骨,猶是春閨夢里人」,這二句唐詩大可作為日軍在臺兒莊的寫照。他們離鄉背井,拋妻別子,老遠地趕到中國,所得著的只是一個「死」字。在臺兒莊東門附近,日軍留下火葬陣亡將士的木牌,就有四十餘處。其他各地,敵人成堆骨灰及遺棄的屍體也累累無數。我方軍隊都代為掩埋。而名之曰:「矮子墓」。這一畫面,如果給現在的日本戰爭陣亡將士的家屬看了,不知將生何感。

29. 徐州會戰

背子說明：自廿六年十二月十三日，南京淪陷後，日軍在華戰的第二個軍事目標，在攻取隴海、津浦兩路的交叉點徐州，我方戰略在對日作長期消耗戰。結果，確是爭取了時間，消耗和削弱敵人的進攻力量，來進一步作持久的戰爭。日方化了四個多月的時間，重蹈了臺兒莊大敗的覆轍，所得的不過是一座空城。

30. 轟炸日軍

背子說明：日本侵略者不斷驅使其國內人民送上火線，充作炮灰。在攻取徐州以後，人力物力都感不足，畢露力竭聲嘶之窘態。不得不再向國內乞援，甘言引騙，另調生力軍來華。一方面在我淪陷區強征暴斂，榨取物資，以遂其「以華制華」的毒計。我方洞悉其奸，於某次日軍用車滿載大批兵隊槍械沿津浦路南下之際，出動神鷹壯士，予以半途攔截，迎頭猛炸，粉碎日方陰謀，達成非常使命。

31. 神鷹遠征

　　背子說明：日本空軍原以為殘害我無辜民眾為唯一任務。炸非軍事目標，掃射老弱的婦孺。其違反國際公法，早已有目共睹。但我國空軍並不做同樣之報復。民國廿七年五月，我神鷹一隊跨海東征，首次出現在日本上空，既不作軍事上的破壞，更不忍與日本人民為敵，只在九州、大阪、佐世保等地，散發傳單十萬份，促使日本人民內心的反省，幡悟侵略主義之是非。我機於完成使命後，安然飛還原防。

32. 機械部隊

　　背子說明：從日本軍事家的眼光看來，中國軍隊始終是不堪一擊的。但事實畢竟勝於雄辯，中國軍隊非但沒有給敵人打得削弱，而且日益堅強起來，成為日軍最大的勁敵。最新式的重炮銳利無比，頭戴鋼盔，英姿颯颯的裝甲部隊，都經過積極的組織，在聆聽長官訓話後，載乘高速度的坦克車和吉普卡車，相繼開赴前線應戰。他們有著鐵一般的意志，每次出征，總以必死的決心，爭取了勝利回來。

33. 鄱陽大捷

背子說明：鄱陽湖在江西北部，是我國有名的淡水湖之一，四周山林綿亙，多而且高。湖面南大北小，頗似葫蘆，中有狹長湖嘴，名甕子口，為水陸交通之要道。廿七年八月，日軍攻克九江後，沿南潯路直攖南昌，以小型艦數艘分向鄱陽湖游竄，我薛岳將軍，因地制宜，按照預定計劃誘敵入甕，予以圍殲。結果敵寇紛紛落水，生擒活殺，喪折數千。在敵人方面，稱為鄱陽湖的煩惱，實即我軍鄱陽湖的大捷。

34. 武漢空戰

　　背子說明：武漢三鎮自政府西遷後，便形成陪都的前哨。日軍覬覦心切，除進行武漢周邊戰外，更屢次派出飛機加緊破壞施虐。我方空軍在眾寡懸殊的劣勢下，仍嚴陣以待。翱翔領空，不許敵機通過。廿七年五月廿七日，敵機數十架大舉來襲。與我機發生猛烈空戰，鐵鳥相搏，聲震全市。我機以一當十，奮勇追擊。敵機尾部冒火墮地者，所在多是。殘餘敵機亦潰不成隊，頓失聯絡，紛紛向東逃遁。

35. 以弱勝強

　　背子說明：以弱勝強，這是一位外國記者在日軍陣線上觀戰所得的記載。日本士兵躲在堅固的工事後面，向我軍陣地用機關槍射擊。我軍亦開機關槍還擊。日軍即出動輕坦克，小烏龜似的蹣跚前進，掩護著日本士兵更似螞蟻似地爬著。我軍以機關槍抵抗。等到坦克迫近時，就一齊跳出戰壕，紛紛擲以手榴彈。在爆裂聲中，為首的幾輛早已變成爬不動。尚有幾輛都掙扎著和他們的步兵向後比賽跑了。

36. 岳陽炮戰

　　背子說明：湖南岳陽縣城西牒樓，俯瞰洞庭，水光浩渺。遠望君山，蒼翠如蓋。北控荊楚，南縮三湘。江左名勝，亦軍事要衝也。民國廿七年初冬，敵軍循粵漢路南進。抵於樓下，改乘炮艇，沿湖攻擊。我城樓炮兵陣地隨即採取猛烈之逆襲。炮轟湖面敵艇，轟轟之聲響徹雲霄。敵雖數度向我兇撲，終賴我全體將士之用命，沉著應戰，得無差失。中以八十公尺之短距離射擊，居高臨下，斃敵無算，為尤快人心。

37. 尋花姑娘

　　背子說明：只要曾在日軍淫威下生活過的人，一聽到尋花姑娘，誰都不免心有餘悸。「大日本皇軍」的可惡無恥，真到了天怒人怨的地步。我們多多少少的女同胞，就是在他們的獸欲中被姦污殺死的。這裡一個年輕美貌的姑娘，正遭逢她的末運。兩個粗暴的日本兵衝了進來，乒乒地一陣亂打。看見那個女子，就餓虎撲羊似地上前摟抱，駭得她失聲呼救。裏面雖跑出一個人來，卻被另一日兵狠狠地刺死。

38. 焦土抗敵

　　背子說明：人民抗戰的意識，表現為堅決的行動時，它的力量是不可輕視的。焦土政策就在人民協助下，使敵人感受到極度頭痛。華北黃村在風聞敵軍來犯時，村民奔走呼告，共商擊敵之方。認為與其苟且瓦全，不如先擊玉碎，爽快的把全村的房屋毀滅了，給敵人一個得不償失。於是，大家拿起豆油燈，忍痛把自己的家園放火燒了，決心到後方打游擊去。敵軍遙望火光衝天，疑是我方伏兵，嚇得不敢前進。

39. 陪都夜襲

　　背子說明：重慶自國府西遷駐節以來，一向被人看作新中國的搖籃，抗戰的司令部。「陪都」一辭，尤其是喧騰眾口。日人對之，不勝妒恨。不斷派遣飛機前往轟炸騷擾。這種盲目的舉動，非但摧殘不了我們民族的生命，陡然加深市民對敵人的痛恨。廿八年五月三日，日機夜襲陪都，大火從午後五時燒到晚十時。真是重慶歷史上空前浩劫。我方高射炮彈如珠發，徹夜照耀，象徵了陪都復興的曙光。

40. 慰問傷兵

　　背子說明：蔣夫人宋美齡女士在抗日戰爭期間，不辭勞瘁，奔走國事，折衝外交，著譽國際。的確是近時世界舞臺上的傑出女性。但她並不因身份的高貴而驕傲。在武漢防衛戰的時候，她組織一個婦女幹訓部，出入戰地，搶救傷兵。自己復不時到醫院訪問，垂詢疾痛，撫慰有加。對受傷軍人家屬的生活，尤其關懷備至。時常代為呼籲，竭力救濟，使臥病在床的健兒們，感受到無限的安慰，祈望痊癒後，重上戰場殺敵。

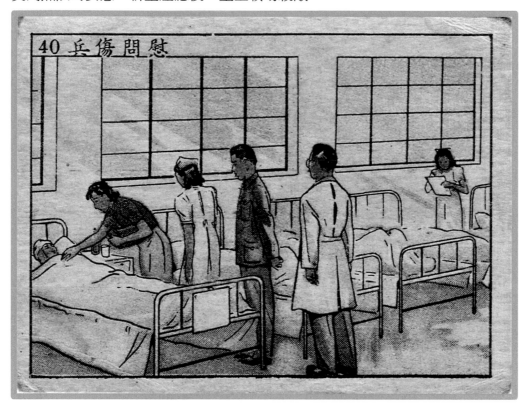

41. 生產軍火

　　背子說明：軍火生產在戰爭中所佔重要性，是無庸多說的。我國抗戰所需的主要軍火，大多由美國依據中美抵抗互助協定及租借法案，源源供應。三十二年起，戰時生產局在納爾遜指揮下成立，若干簡單軍器，我國也漸能自行製造。大規模的兵工廠在後方崇山峻嶺間建築起來。萬千個辛勤的工人日以繼夜地埋頭苦幹。為了加速擊敗暴虐的日軍，他們的流汗和前方將士的流血，有著相同的功績。

42. 中條血戰

　　背子說明：自太原淪陷，同蒲臨汾失守，晉南戰局便急轉直下。日軍進軍風渡，屢攻中條。中條是晉南僅次於太行的龐然起伏的大山，素為我方打游擊的根據地。國共雙方分置大軍，化整為零，陣線犬牙交錯，使敵人捉摸不住。民國廿九年前，頗收合作之功。敵人不斷侵犯，死傷慘重。我軍突擊隊復時時利用高地山麓，向敵迂迴包抄，截斷敵人歸路，然後三面集中掃蕩，一舉而殲滅頑敵。

43. 游擊戰術

背子說明：游擊戰是攪亂敵人後方，牽制敵人兵力，最有效的戰術。我國自全面抗戰後，半壁河山雖淪於敵手，但敵人所佔有者，僅為一點一線。其餘大部分土地仍在我方控制之下，便為游擊隊出沒之區。游擊隊所採戰術，力求避免與敵正面衝突，時常出其不意的突施襲擊，以機敏能動，奪取敵人給養。化整為零，倏忽萬變。圖中敵軍用車遭游擊隊埋伏，地雷炸毀，遺下大批輜重軍火，由民眾協助搬運。

44. 碧血忠魂

　　背子說明：女游擊隊員葉如華，因懷孕待產，不得已潛返回鄉。不幸為日寇所捕。日駐軍隊長山本，百般威嚇利誘，用盡酷刑，追其吐露游擊隊的行蹤。葉如華堅貞不屈，遂被軟禁在馬棚裏。後來她生下一個兒子，山本兇狠地從她懷抱中奪了去，把嬰兒投向冰河。冷不防，她從背後怒目直視，拼死猛撲過來。山本立足未穩，也被推入冰河。這時山本的兩個衛兵慌忙開槍，我們的女英雄應聲倒臥血泊中，含笑而逝。

45. 汪逆叛國

　　背子說明：提起漢奸汪精衛之名，沒有一個中國人不罵其為賣國求榮，奴顏卑膝，實為下作的坯子。民國廿七年十月，汪逆感於抗戰失利，突然離渝，由昆明潛行北上，發表了所謂豔電，接受日寇提出的和平建議。廿九年，汪逆在南京粉墨登場，組織偽政府。

46. 清鄉擾民

背子說明：在敵偽統治下的淪陷區裏，人民所受的冤苦真是多不勝數，有口難言。單以偽組織「清鄉」來說，不知造成了多少罪惡。什麼「大檢問所」、「小檢問所」、「封鎖線」、「鐵絲網」，無非是暴征橫斂的掠奪著民間的物資。拿老百姓的血汗養活一大群喪心病狂的走狗。他們整天肆無忌憚地胡亂敲詐，認賊作父，以民為敵。布匹、醫藥、香煙、雞鴨、米麵等日用品，在檢問所中堆積如山。分髒就是他們唯一的工作。

47. 查游擊隊

背子說明：一列日本軍用列車在半途上被游擊隊埋藏的地雷炸毀了。日方獲悉，立派一小隊士兵開赴出事地點查察。並向附近村莊上的居民嚴詞詢詰，一定要他們說出我軍的所在。正直的居民雖明知其事，但為了自己的弟兄，良心告訴他們不能隨便供認出來。任憑日軍百般恐嚇，迫令他們列隊跪下。他們一個個都低垂著頭，堅強地不說什麼。這種威武不能屈的精神，正指出中國是不會亡的。

48. 農民從軍

背子說明：在敵人壓迫得最利害的時候，老百姓實在連氣都透不過來。他們的心本來是和平單純的，也漸變為憤怒不平了。忍無可忍，起而反抗。許多年富力強的農民，自願離別了朝夕耕種的土地，荷鋤挑擔，投奔後方的部隊裏去。心頭燒著一股復仇的怒火，不再做任人宰割的羔羊，驟然成為警覺的雄獅。從前見了東洋人嚇得逃，當了兵可沒有這般好欺。東洋人來了，打他個痛快。

49. 包圍信陽

　　背子說明：信陽是豫鄂兩省的門戶，平漢路鄭州南下的第一大站。漢水奔流其西，東有信羅公路，直達羅山。南臨武勝關之險，敵我爭持，數為中原爭戰之區。廿七年秋，日軍圍以鉗形攻勢，南北夾擊武漢。信陽遂遭荼毒。嗣後我軍乘其立足未穩，自四郊集中加以包圍，日軍猝不及防，惶恐莫名，被圍數日夜，給養斷絕。不得不乞靈於空運，以事接濟。但粥少僧多，反而引起他們的爭搶，弄得死亡載道，真是何苦。

50. 鄂中會戰

　　背子說明：自廿九年五月宜昌失陷後，我軍仍雄踞襄河東西兩岸。配合東南各方游擊隊，對突入宜昌之敵，時予痛擊。敵為解除此種痛苦，乃於廿九年十一月下旬，對我發動攻勢，我軍一面以機動隊打擊敵人，一面以主力向遠安宜城迤南佈防，以備敵軍竄入。並以有力部隊向武安堰轉移，以對敵之外翼。廿七日合圍勢成，我軍開始反攻。連克重要據點，至三十日，各路敵軍俱被擊退，我軍完全恢復原狀。

51. 英雄殉國

　　背子說明：張自忠將軍為西北名將。戰前任天津市長，被誤為親日派。事變後南下抗日，身先士卒，迭挫強敵。民國廿九年，日寇傾師進犯棗陽、隨縣一帶。我軍浴血苦鬥，戰況慘烈。敵騎過處，赤地千里。張將軍見危受命，親上前線指揮，不幸於五月十六日，棗河一役，竟以身殉職，碧水長流，忠魂永繼。當靈柩運至陪都，蔣主席親往迎櫬，進祀忠烈祠堂，萬人瞻仰憑弔，莫不讚歎其捐軀為國，備極敬仰。

52. 克娘子關

　　背子說明：民國廿九年八月廿一日，是國軍克復娘子關的一天。這場戰鬥是日寇侵華的隕克仗。我軍七戰日寇，經過激烈戰鬥攻克要塞娘子關。我軍軍儀容威武，蕩然入關，對於抗戰時期，增強信心士氣的作用有著大的覺醒。娘子關的捷報重創了日寇的心臟，使日寇統盤調費大爱。

53. 克復南寧

　　背子說明：南寧一名邕寧，廣西省會。坐鎮邊境，形勢緊要。自日軍在華南登陸，奪廣州沿西江內侵，直入桂省。南寧遂告淪陷。我廣西素以民軍著稱，民即是軍，軍即是民。戰前在李宗仁、白崇禧二將軍整訓之下，早已成為全國軍區之模範。故日寇雖能逞兇一時，究屬孤軍深入，我軍忍辱負重，敵愾同仇，誓與周旋到底。終於廿九年十月廿八日克復南寧，是役我軍鼓勇追殺，日敵狼狽逃命，誠大快人心之舉也。

54. 襲珍珠港

　　背子說明：民國三十年十二月八日，日軍突向美國不宣而戰。以艦機進擊駐泊於珍珠港之美國太平洋艦隊。美方全出意外，其主力艦盡泊港中，毫無防備。迨日潛水艇開始發射魚雷，日機從空中拋下炸彈，海軍人員方倉猝應戰。結果，美方損失慘重。八艘主力艦中三艘被擊沉沒。羅斯福總統旋即採取民意，請求國會投票表決，結果對日宣戰。美國遂參與歷史上最恐怖之反侵略戰爭。

55. 香港失守

背子說明：日本偷襲珍珠港後之數小時，即以其壓倒之絕對優勢向香港九龍分頭進攻。當時，香港居民對此晴天霹靂，莫不驚慌失措。日軍進攻香港之初，曾屢圖強渡，均遭英艦擊退，犧牲不少。乃晝夜不絕以艦炮遙擊，並飛機猛炸。嗣即相繼在淡水灣、銅鑼灣等地登陸。侵入市區，發生激烈巷戰，造成水電恐慌。英守軍以拖戰無益，被迫投降。大英帝國皇冠上之寶石，以此黯然無色。

56. 長沙大捷

　　背子說明：長沙大捷是給予日寇的一個極大的殲滅戰。使它在中國戰場上一蹶不能振。使它認識我軍雄厚的潛力所在，始終是它的致命傷。就我方而言，長沙大捷是一個珍貴的收穫。三次會戰，三次告捷，樹立了後期總反攻的基礎。計自廿八年秋至三十一年春，長沙之得而復失，失而復得，幾易其手，相峙血戰，形成拉鋸之勢，我薛岳將軍指揮若定，戰略制勝，每把敵軍陷入重圍，實為制勝的要素。

57. 檢閱印軍

背子說明：民國三十一年初，蔣委員長應英國前首相邱吉爾之請，專機飛往印度，會同印度人民領袖尼赫魯，協商英印間各項懸案。由於委員長的公平正直，使全印人民一致折服。並曾檢閱印度各式軍隊，包括剽悍的廓爾喀軍，駐守開柏山道的印度黑兵、印度馬德拉斯地方的神速工兵、喜馬拉雅山麓的貓眼戰士、勇敢的駱駝軍及經英國空軍部初級考試的印度空軍。最後還接見了印度的聖雄甘地。

58. 船夫義勇

　　背子說明：太湖三萬六千頃，山光水色風景絕勝，為江南魚米之鄉。抗戰初興，有業船夫之阿炳者，目不識丁，卻深明大義為己任。某次日軍以渡水為名，向我太湖根據地進犯，然不識水路，問道於阿炳。阿炳喜殺敵良機已至，偽以應允，誘敵登舟後，即直駛對岸亂草叢中，日軍正欲登陸，不料阿炳突手持利斧，一躍上岸，將船推翻，衝前猛砍。日軍惶恐竭呼，紛紛落水，終被葬身魚腹。

59. 日放毒氣

背子說明：日本本土於民國三十一年四月十八日，遭我盟國空軍轟炸後，敵寇為免除再度被炸的威脅，以我浙東空軍基地為目標，開始進攻。妄想打通浙贛路，加緊對我封鎖，切斷沿海交通。我方當即作周密部署，雖湯溪、龍游等地先後被占，金華、蘭溪方面守軍仍忠勇逾常，猛烈挫敵。日軍竟於五月廿八日大放毒氣，強行進攻。我為保存實力，向敵側及敵後轉移，兩地遂同告失陷。

60. 襲野人山

　　背子說明：我國遠征軍和盟軍開始反攻緬甸，由野人山做為出發點。野人山異常荒莽，可說是一個原始的地方。森林密布，人跡罕至，只有毒蛇、猛獸和螞蝗到處出沒。山上懸崖峭壁，如值雨季，泥深沒膝，寸步難行。進軍其間，艱危可想。三十二年四月，我孫立人將軍所部和敵人發生前哨戰，簡直和捉迷藏一樣。偌大的樹林裏與平地作戰完全不同，但我軍終於殺得殘敵片甲不留，完成森林戰的傑作。

61. 到天空去

背子說明：抗戰勝利，我空軍的戰績無疑地占著光榮的一頁。我國空軍在戰鬥中長大，八年來在質與量方面都有著飛躍的進步。由於美國空軍的幫助，一切最新的技術和設備，源源不斷地灌輸到中國來，建立了不少訓練的基地。為了多災多難的祖國，大批有為的青年懷著到天空去的壯志，紛紛應召入伍。有的更千里迢迢的遠赴美國接受嚴格的科學訓練。他們精神飽滿，態度活潑和祖國一樣有著遠大的前途。

62. 反攻緬甸

背子說明：三十二年八月，東南亞盟軍總部成立。由英國蒙特巴頓勳爵擔任總司令之職，並決定反攻緬甸。十月間，中、美、英三國又在重慶舉行軍事會議，利用斥堠活動，正式開始反攻。中國遠征軍經過十八個月的刻苦訓練，重趨活躍充當起聯軍反攻緬甸的急先鋒。浩浩蕩蕩直向敵人殺去。日寇迫於戰局嚴重，不餒挺而走險。竟向印度邊境伊姆法爾侵擾。豕突的結果，仍舊免不了被英印軍逐出來。

63. 荊江激戰

背子說明：敵自鄂中會戰失利，時懷報復之心。三十二年五月，敵軍恢復活躍，從漢口、當陽調到飛機百餘架，似有南下常德，西卷石牌之勢。我軍早做周密之整備。最高統帥並手令荊江防守部隊，明示石牌要塞乃我國之斯大林格勒，務必乘此良機聚殲倭寇。故當敵陷入我火網時，已一無生還。至三十一日正午，敵軍全線崩潰，沿江逃竄。一路傷兵、騾馬、輜重、彈藥隨地遺棄，且有葬身魚腹者，亦云慘矣。

64. 蔣任主席

　　背子說明：敵人的凶頑，正咄咄逼來的時候，中國的命運快到了存亡絕續的重要關頭。不幸噩耗傳來，我德高望重為國勞瘁的前國府主席林森，於三十二年五月三十一日溘然病逝陪都。享壽八十二齡，國葬於渝郊歌樂山。同年十月十日，蔣委員長以中國國民黨總裁執政者的身份，繼任為國府主席。挽狂瀾於即倒，拯國運於垂危，光榮地完成了神聖抗戰的偉大使命。

65. 中美合作

　　背子說明：盟邦對於我軍之英勇戰績一向推崇，因此積極進行協助我國國軍工作。除以現代最新式武器補給我國外，並派遣軍事教官及技術人員來華，擔任訓練中國遠征軍。即為中美合作訓練成為推進現代化之緣。此圖為該軍炮兵為我軍出國遠征前，在雲南某地培訓之情況。舉凡長程距離的轟擊角度的瞄準，地位的移動和運用，都屬每一學員必修之課程。

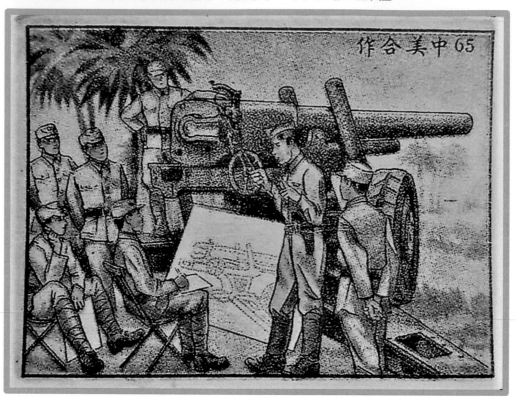

66. 開羅會議

背子說明：民國三十二年十一月廿二日起，我國最高領袖蔣主席與美國總統羅斯福、英國首相邱吉爾，在埃及京城會晤，討論遠東戰局及對日作戰目標。前後歷六日之久。參加會議者，尚有蔣夫人宋美齡，東南亞州司令蒙特巴頓將軍及其他將領三、四十人。會後發表劃時代的「開羅宣言」。決定對日作戰計劃。制止及懲罰其侵略，保證中國收回東北、臺灣與琉球群島。朝鮮則實行獨立。

67. 中印輸油

　　背子說明：汽油在近代作戰軍事運輸上的重要，猶血液之於人體。抗戰內移，海口封鎖，我國汽油接濟時有匱乏之虞。乃與美國合作，修築世界最長的油管。從印度直達雲南。以後所需汽油，源源自此管輸入，飛越喜馬拉亞山冰凍地區，經過拔海九千尺高峰的美國巨型運輸機，卸下大批輸油管，在中美工程師和專家的計劃，中美陸軍工程隊和中印工人的努力下，完成了這個艱巨的工程。

68. 中原大戰

背子說明：為了侵我中原，日寇頻繁地花樣翻新。三十三年四月，調關東軍入關，真如會師，打通平漢路，以迂迴策略掠取鄭州，逼近虎掌關。我虎掌關守軍僅四百人，力敵千人，殺敵六百。最後僅餘三人苦戰死守，待援於滎西古鎮。日寇直指洛城，以便車馬通行，考慮向洛陽以南三十里的龍門關進犯。該月五日起，我軍在龍門關喋血七日，轉而為洛陽俯衝戰，我固守核心達十五日之久。廿五日前突圍而出。

69. 固守潼關

　　背子說明：潼關當黃河之曲，據淆函之險，扼晉、陝、豫三省之要衝，山勢險峻，谷道壁立，關城高踞，俯瞰黃河，一線羊腸，盤旋而上，前人所謂：「一夫當關，萬夫莫敵」者也。三十三年，日軍自豫西進陷鄭州，下洛陽，然終止於函谷。潼關可望而不可即。以黃河自潼關而上，水道自北南流，成為天然的屏障。故作戰開始，迄於勝利，敵未能越潼關一步者。地利之關係，當未可忽視。然我軍民之協力同心，保此天塹，功亦莫泯。

70. 飛渡怒江

背子說明：滇西，我軍位處崇山峻嶺的大後方，生活的艱苦卓絕。難以得到同情和幫助。民國三十三年初，為回應海外作戰，運用高度技術，以繩索飛渡怒江，出擊緬境日軍。怒江是滇省橫斷山脈間的自北南流的大河，南岸高山夾峙，水流湍急，更兼瘴氣怕人，虎嘯獅吼，就是當地的土人也一向視為畏途。這次我軍的神奇飛渡，引起他們極大的驚佩。一致讚譽我國軍人勇猛大膽的作風。

71. 湘北戰鬥

背子說明：豫西戰鬥正殷，平漢路通而又斷，日寇竟不顧一切，繼續發動湖南大戰，急欲打通粵漢路，這是日寇在湘北第五次蠢動。其計劃之周密，兵力之強大，不僅為湖北四戰所未有，亦為抗戰以來所罕見。日寇出動兵力，在十二個師團以上，發動攻勢的正面達五百里。我方為避免無謂犧牲，予敵以相當打擊後，即依原定計劃轉進陣地。在衡陽布下鐵陣，拚死阻敵。敵不得已，被迫向西流竄。

72. 菲濱海戰

　　背子說明：民國三十三年六月，美國和日本在菲利濱海發生空前大海戰。雙方出動船艦之多，幾達各自實力的一半，開世界海戰史上未有的新記錄。日寇為挽回頹勢，拼死苦鬥，已到了山窮水盡的絕境。盟軍準備充足，實力無窮，其攻勢正方興未艾。故在作戰的意義上說，雙方的強弱懸殊，誰勝誰敗，明白人一望而知。是役日寇被擊沉戰艦十六艘，擊毀飛機四百零二架。從此已無海軍可言了。

73. 死守衡陽

背子說明：民國三十三年六月十八長沙陷落，日寇鐵蹄直指衡陽。二十三日，日寇調集十多萬兵力對衡陽大舉進攻，衡陽守軍奮起反擊，打響了震驚中外的衡陽保衛戰。史稱：「對國家貢獻最大，於全局勝敗有決定作用者，當推衡陽之守」。整個抗日戰爭中，鮮有以少抗多，並殲敵數倍於己的戰役。第十軍英勇頑強堅守衡陽四十七晝夜，遲滯了日軍打通大陸交通線的進程，殲滅了大量日軍，表現了中華民族不怕犧牲，共禦外辱的崇高精神。

74. 間諜奇謀

　　背子說明：美國間諜組織的戰略局，在中國活動的人雖不多，卻有不少光榮的成就。三十三年七月，戰略局派了一個上等兵到長沙從事間諜工作。發現日軍一萬餘人正在益陽向某河移動，進攻洞庭湖產米區。他使出精緻小巧的無線電通上電流，拍電報給陳納德的十四航空隊。不久，美機已在天上怒吼。這是從桂林起飛的飛機。他們發現了敵騎，立即加以猛炸。日軍死傷累累，幾乎全軍覆沒。

75. 關島登陸

　　背子說明：民國三十年，日本偷襲珍珠港後第二天，強行攻佔了原為美軍駐守的軍事要塞關島。美國為了打擊日本的軍事力量，三十三年六月，採取蛙跳戰略，重新奪取關島，切斷日本的海空交通線，建立海空軍戰略基地。太平洋艦隊總司令尼米茲上將親自指揮，出動了第五艦隊、航母特混艦隊計六百餘艘軍艦和一千餘架艦載機，登陸兵力十二萬人，對關島上的機場實施突襲。八月三日登陸關島，近萬日軍被殲。

76. 青年鐵軍

　　背子說明：蔣委員長一寸山河一滴血，十萬青年十萬軍的名言，使全國知識青年的從軍熱潮如火如荼。經過羅卓英將軍一年多的整訓，他們已經英勇地站在衛國戰爭的前哨。青年士兵多半來自高中和大學，一般知識水平和素質極高。挺起胸膛抬起頭來，立定腳跟，豎起脊樑，這是他們精神的表現。由於青年軍的責任繁重，他們都能自覺地努力學習。他們更明白新的中國完全寄託在他們身上。

77. 克密支那

　　背子說明：中國遠征軍自三十三年五月十七日起，開始進攻密支那，從飛機場到火車站，敵人負嵎頑抗，沿城築就堅固的堡壘，思作困獸之鬥。我軍為速戰速決，出奇採取隧道戰術，連克重要據點。八月二日，我突擊隊員一百名，半夜潛入敵後，內外夾攻，敵軍好夢方酣，被痛殲殆盡。四日，密支那正式克復。使滇緬公路與雷多公路獲得連繫。在海口至我國內地交通的暢連上意義十分重大。

78. 莽島登陸

　　背子說明：莽島（即中途島）位於太平洋中部，係北美和亞洲間的交通要衝。民國三十一年，日軍聯合艦隊計劃奪取莽島，危脅美國太平洋艦隊。六月四日凌晨，日酋南雲率航空母艦四艘、艦載機二百六十多架、艦艇十七艘進至莽島。駐島美軍飛機升空迎敵，雙方展開激戰。日機未完成任務。南雲決定再次進攻時，美艦載飛機連續攻擊日軍航母。日本損失慘重，被迫取消莽島登侵計劃。

79. 超空堡壘

背子說明：民國二十八年，應國府邀請，美國陸軍航空隊退役上尉陳納德來華，協助發展中國空軍，並組建了威鎮日寇的飛虎隊。三十年，日本九九式轟炸機入侵昆明。飛虎隊升空迎頭阻擊，擊落日機五架。此戰勝利，嚴挫日寇的猖狂氣焰。此後，在滇緬空戰中，面對日軍投入的一千餘架飛機的輪番侵擾，先後展開三十一次空戰，共擊落日機二百一十七架；為抗戰立下赫赫戰功。培養鍛練了無數中國飛行員。三十一年，飛虎隊改編，與中國飛行員一起承擔了戰鬥和運輸的重大任務，成了一座堅不可摧的超空堡壘。

80. 轟炸東京

　　背子說明：東京是日本的帝都，政治經濟文化的重心，故盟軍開始轟炸日本，東京便成為眾矢之的。三十三年十一月廿四日，美國 B29 型超空堡壘，自馬里亞納起飛，首次轟炸東京工業中心區。此後，美機即以歷次血戰換來的太平洋基地為起飛站，對日本展開大規模有計劃的空襲。常以一千架以上的編隊，向東京及其他城市投下每次近萬餘噸的炸彈。這樣密集的猛炸，幾乎毀滅了整個東京。

增補《抗戰勝利紀念》煙畫

說明：前面介紹了上海裕華煙草公司在 1946 年 9 月 9 日「抗戰勝利全國慶祝日」之前發行的《抗戰八年勝利畫史》全圖。所憾，原定全套作品為 120 枚，因為政治原因只面世了 80 枚。後 40 枚「中日決戰」至「日本投降」部分的文、圖均未披露。為了彌補這一憾事，筆者特將本人所藏上海匯眾煙草公司在 1945 年年底發行的煙畫《抗戰勝利紀念》120 中的部分作品 18 枚，補充於後，以補是缺。所憾，這組作品文字表述比較簡約，不能盡如人意，但對「日本投降」部分的描述，還是很真實細膩，頗有價值的。

煙畫《抗戰勝利紀念》

煙畫名稱：《抗戰勝利紀念》

出版單位：上海匯眾煙草公司

美術設計：上海匯眾煙草公司廣告部

出版時間：1945 年 12 月

停止出版時間：1948 年 12 月

印刷規格：52×68mm

全套數量：120 枚

編輯數量：20 枚

原附贈於該廠出品的「紀念」牌香煙

馬隊作戰
迅速前進
敵人望風
披靡

緬甸方面發軍
與英國盟軍並
肩作戰

檢閱新六軍

91

我軍
克復
緬甸
鐵橋

94

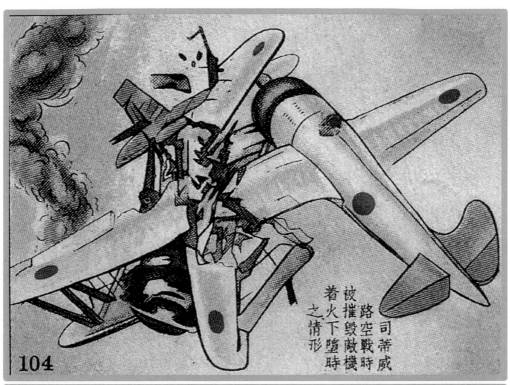

司蒂威路空戰時破摧毀敵機着火下墮時之情形

美軍坦克車掩護步兵衝鋒之情形

全面勝利
後繳獲日
軍武器無
數

116

蕭參謀長
復交與何
總司令致
岡村忘件錄一
今井少將今井允蓋簽字
立即轉達

117

日岡村大將於降書上蓋章

何應欽將軍審視日代表投降文件

119

何應欽於
軍在桂林
飛程一同中
接受日本陸軍
檢視武器

附:《抗日煙標》考

　　煙標,是紙卷香煙的外包裝。其規格大多分為十支裝和二十支裝的兩種。此外,還有圓型鐵廳裝和長方型紙盒裝等不同規格。在上世紀上半葉,國產香煙的外包裝大都源自英美煙草公司和其他域外煙廠的規格和包裝方式仿造設計的。主要作用是規範產品、保護紙煙,昭示品牌,說明香煙支數和產品質量。同時,還具有標示生產公司或生產廠的名子,宣傳產品、推廣產品和推銷產品的廣告作用。為公司創立名牌、樹立產品形象和質量,以及宣揚公司的規模和信譽。

　　因之,任何一個煙草公司無論中外大小,在推出產品,確定品牌、設計煙標等方面,都是採取十分謹慎的態度。就大公司而言,如英美煙草公司、南洋兄弟煙草公司在推出新產品前,都先由公司廣告部和銷售部的主要成員開會研究,集思廣議,提出方案。行成文案後,上報總部總經理審閱簽批。從現存的《頤中檔案》來看,凡公司擬創立新名牌時,鄭重設計的方案,還要上報到英美煙公司倫敦總部進行批准。至於,中型的民資煙草公司如華成煙草公司、裕華煙草公司,福昌煙草公司等,在推出新品牌時,也是總經理親自過問和參與,反覆推敲,才能敲定的。一些小型的煙廠在創立品牌時,甚至不惜求乩問卜,度算陰陽,以求品牌吉利,財路通達。如果一朝在品牌上出錯,不吉不利,便會出師未捷,傾家蕩產,血本無歸了。品牌的好壞,對一個小企業來說則是頭等的大事。故而,在香煙行業中一直流傳這樣一句話:「品牌起得好,福星高高照。品牌起不好,老闆要吃草。」據《中國煙草史》統計:上世記二、三十年代,僅上海一地,在工部局註冊的大小煙草公司便有二百餘家。在激烈的商業競爭中,一個品牌不用說能否一炮打響,就是能佔

有一足之地，那已是天賜洪福的了。品牌若觸了黴頭，出師不利，則如電光石火，倏忽而逝了。

反回頭來說，一旦品牌之名確定下來，公司老闆都會用重金聘請著名的美朮設計師來設計煙標。有籍可查的，如日本村井兄弟煙草公司享譽中外的名牌產品「孔雀」和「雲龍」香煙，二個煙標都出自日本美術大師伏本英九郎的手筆。上海華成煙草公司出品、享譽中國大江南北的「美麗」牌香煙的煙標，則出自滬上著名畫家謝之光先生之手。這些高手設計的煙標，加之精美的印刷（據中國煙草學會秘書長楊國安〔註1〕先生介紹，不少名牌煙標的每枚的成本價，都超過了包內的香煙價），不僅為產品披上了一襲精美華麗的盛裝，使廣大消費者一顧難忘、再顧傾城。既能為公司撐足了門面，還能為企業賺足了鈔票。

（一）9.18

在 1931 年「九一八」事變之前，煙標就是一張印刷精美的紙，一束香煙的外衣，是招攬消費者的門面和幌子，是煙草公司賺大錢的工具。可是，9 月 18 日晚，盤踞在中國東北的日本關東軍，按照精心策劃的陰謀，由鐵道「守備隊」炸毀瀋陽附近的南滿鐵路。並把這件事嫁禍於中國軍隊，製造了「柳條湖事件」。日軍以此為藉口，突然向駐守在瀋陽北大營的中國軍隊發動進攻，並武力佔領了整個瀋陽城。次日，日軍揮師北上，繼續向遼寧、吉林和黑龍江的廣大地區進攻，未及三月東北全部淪陷，三千多萬東北父老淪為亡國奴。消息傳來，舉國震驚。

這種震驚，不僅僅是政界、軍界，士、農、工、商，販夫走卒乃致長幼婦孺莫不萬分驚詫，五雷轟頂。悲哀、憤怒，噬齒、復仇之聲，充叱寰宇。上海福昌煙草公司董事長，愛國商人黃楚九〔註2〕和總經理周繼庭先生，也與所有愛國民眾一樣在國難當頭之時，義憤填膺，拍案而起。決定以己所長，利用產品為武器，用煙標、煙畫的宣傳影響，鼓舞民眾、號召民眾，關心國是，禦

〔註1〕楊國安（1940～）：中國煙草學會秘書長，《中國煙草通史》主要撰稿人，日本《煙史研究》雜誌專欄撰稿人。著有《煙草趣聞》、《中國煙草簡史》等書。
〔註2〕黃楚九（1872～1931），號磋玖，浙江餘姚人。20 世紀初上海實業界的著名人物。中國西藥業的先驅，中國娛樂業的先驅。他一生創業橫跨諸多領域，時人稱他為「百家經理」。他創辦了中國製藥企業「龍虎公司」，還開設了中國福昌煙草公司。

敵抗戰，以達到震聾發瞶的作用。他誠請畫家精心設計了兩款新的品牌，且為其繪製兩則煙標。一則，繪製了在長城腳下持槍禦敵的國軍戰士。另一則，繪製了「東北王」少帥張學良的肖像，以示「浴血抗敵，打回老家去」的意志和決心。九月底，便率先推出了「9.18」牌香煙。用對報社的記者說：「卑人擬將最好的名牌產品改為 9.18，目的是想讓國民永遠記住這一天。9 月 18 日是我們的國恥日！新品 9.18 的售出利潤，公司將全部捐獻給在前線奮勇抗敵的戰士！」福昌煙草公司的義舉，感動了無數吸煙和不吸煙的市民。吸煙的市民爭購「9.18」，是為抗戰捐贈，盡些微薄之力。而不吸煙的市民爭購「9.18」，是為了留個紀念，放在家中案頭，以警子孫。

中國福昌煙草股份有限公司董事長黃楚九先生的小照

中國福昌煙草股份有限公司出品「9.18」牌煙標之一

中國福昌煙草股份有限公司出品「918」牌煙標之二

　　在全國人民的關注之中，東北抗戰的槍聲終於打響了。日軍在佔領了瀋陽、長春、吉林之後繼續北侵，企圖佔領黑龍江全境。在 11 月 4 日清晨，1300 多名日軍在坦克、重炮、裝甲車和七架飛機的掩護下，對進入們綏遠必經之路的江橋發起猛烈進攻。時任黑龍江省政府代理主席兼軍事總指揮的馬占山〔註3〕將軍，不顧上峰「保存實力」的命令，率領愛國官兵奮起抗敵，打響了抗戰的第一槍。他們在敵我力量懸殊的情況下，雙方展開了多次的陣地戰、白刃戰和肉博戰。他們用步槍打下了日軍的一架飛機，擊斃、擊傷日寇三百多人。自己的部隊也付出了巨大代價，死傷戰士也達到數百之巨。馬占山將軍和東北的戰士誓死保衛國土的壯舉，沉重地打擊了日本侵略者的囂張氣焰。輿論報導，全國各地掀起了聲勢浩大的「援馬運動」。上海、北京、武漢、哈爾濱等大城市的青年，組織了「支前隊」、「援馬團」。國內外的民眾紛紛捐款、捐物支持黑龍江省國防軍。鼎沸的抗日激情，如同烈火一般燃燒著祖國大地。同時，也燃燒著工商界愛國志士的報國之心。上海福昌煙草公司在不到半個月的時間內，再一次推出了「馬占山將軍牌」香煙，並在《申報》、《新聞報》大作廣告，宣傳馬占山將軍的抗敵精神。黃楚九還以「馬占山將軍牌香煙」為題寫了一首藏頭詩：

〔註3〕馬占山（1885～1950），字秀芳，抗日愛國將領。祖籍河北省豐潤。出身於綠林，發跡於奉系。任黑龍江省騎兵總指揮和黑河警備司令。1931 年九‧一八」事變後，率領愛國官兵奮起抵抗日本侵略軍。他指揮的江橋抗戰打響了中國人民抵抗日本侵略的第一槍。在「七七事變」後，馬占山重上抗日前線，堅持武裝抗日。1950 年病逝於北京寓所。

馬革裹屍雖末逍，占譽光榮震宇寰：
山河大好歸何日？煙以將軍來警惕，
香音芳羣舉國聞！

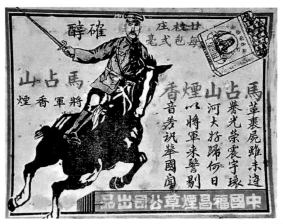

以上兩圖為申報刊登的中國福昌煙草公司推出「馬占山將軍」牌香煙的宣傳廣告

　　迄今，「江橋抗戰紀念館」依然收藏著一款以「馬占山將軍」命名的香煙盒，以及當年上海福昌煙草公司在申報上刊登廣告詞：「當代英雄，黑龍江將士的血，才是中華民族的血。鐵血衛國，男兒自強，精忠神勇，萬古流芳。」

　　在福昌煙公司的影響下，不少煙草公司也紛紛傚仿，陸續出現了「愛國」、「勝利」、「戰鬥」等品牌的新產品，用以鼓勵士氣、褒揚英雄。在舉國關注東北戰事的情況下，這些新品牌都受到了熱烈的推崇和歡迎。

聯合煙公司出品「勝利」牌煙標

（二）1.28

「9.18」事變之後，日本為了轉移國際視線，迫使南京國民政府屈服，承認他們侵佔東北的即成事實，於次年 1 月 28 日晚，發動了進攻上海的事件。日本海軍遣外艦隊司令指揮海軍陸戰隊，兵分三路，突襲上海閘北的守軍陣地。十九路軍在蔣光鼐和軍長蔡廷鍇的指揮下，奮起抵抗，在閘北、江灣、吳淞、曹家橋、八字橋一帶，展開了多次阻擊戰鬥，給日軍以迎頭痛擊。日軍十分囂張，他們派飛機對我軍陣地和周邊民宅、商店進行了狂轟濫炸。地面步隊也前後發動了四次總攻，但均以敗退而返，官兵死傷近千。日本海軍艦隊司令部盛怒之下，多次更換前線指揮官，拼死再戰。史稱「1.28 事變」。

戰爭延續到 2 月 14 日，國府命令第八十七師、八十八師和教導總隊組成第五軍，由張治中軍長率領前來增援，戰爭進入火拼狀態。其間，發生了閘北血戰、吳淞沉船、火燒曹家橋等一系列可歌可泣的抗敵詩篇。激戰期間，上海市民對戰鬥前線的官兵，給予了鼎力支持。他們送水、送飯，甘當義務偵查員。組成支前勞軍隊，協助轉移民眾，救治傷員，表現出軍民一心、同仇敵愾的抗敵鬥志。出現了無數感天慟地的英雄事蹟。

上圖為上海民眾煙公司出品的「蔡廷鍇將軍」牌香煙和「殺敵」牌甜煙

　　許多煙草公司和煙廠也遭到了日寇的轟炸和破壞。如和興煙草公司、和眾煙草公司，因廠址離戰事爆發點較近，工廠廠房在戰火中遭受破壞，住在閘北的職工遭到日本飛機的轟炸，以至家破人亡。廠長姚維熊義憤填膺，怒不可遏，在撫慰救助員的同時，他們利用自己產品的品牌和煙畫宣傳抗日。「大刀」牌、「三省」牌、「抗敵」牌、「醒獅」牌香煙紛紛登場，反映出同袍築陣、舉國抗暴的無比激憤。煙廠的員工把這些品牌的香煙，捐送到堅守陣地的士兵手中，深深地鼓舞著前線戰士們奮勇殺敵的決心。

圖為上海的一些小煙廠如第六煙廠和榮抗煙廠出品的「勝利」和「英雄」牌香煙

南洋兄弟煙草公司董事長簡照南先生肖像

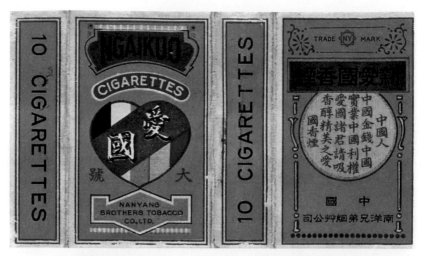

淞滬戰爭中公司推出的新版「愛國」牌香煙煙標

歌頌十九路軍的「十九軍」牌香煙煙標

　　南洋兄弟煙草公司是上海最大的民營煙草公司。營銷之初是以標榜「愛國」為宗旨，樹立了自身形象。二十年代，此標漸為新的產品所替代。淞滬戰爭爆起之日，董事長簡照南〔註4〕先生再此推出新版「愛國」牌香煙，並賦以「中國人抗日愛國、維護利權」的新意面市，深受國人歡迎。同時，公司推出新品「十九軍」牌香煙，煙包內附以戰地記者拍攝的「十九路軍英勇抗敵」的

〔註4〕簡照南（1870～1922），廣東廣州府南海縣人，著名實業家和愛國華僑。17歲到香港，在叔父簡銘石開的「巨隆號瓷器店」學做生意。清光緒十九年（1893），玉階隨兄到日本經商。開辦「怡生兄弟公司」和「順泰輪船公司」。1906年，簡照南和兄弟創簡玉階辦了「南洋煙草公司」。

戰地照片，對鼓舞軍民鬥志也起著巨大作用。

1月30日，國民政府發表《告全國將士電》稱：滬戰發生以後，「我十九路軍將士既起而為忠勇之自衛，我全軍革命將士處此國亡種滅、患迫燃眉之時，皆應為國家爭人格，為民族求生存，為革命盡責任，抱寧為玉碎不為瓦全之決心，以與此破壞和平、蔑視信義之暴日相周旋。」政府要求全國將士，「淬厲奮發，敵愾同仇……枕戈待命，以救危亡」，並表示「願與諸將士誓同生死，盡我天職」。此電發布後，「人心士氣，為之大振」。十九路軍將士猶為振奮，人人抱有「報效國家、不畏犧牲」之決心與日寇戰鬥到底。

十九路軍的武裝裝備中最大的特點，那就是每一位戰士的背上都配有一柄鋒利的大砍刀。這把刀在與日寇進行肉搏戰時，削鐵如泥，威力無窮，日寇見之，望風而逃。年僅二十三歲的麥新〔註5〕，受到大刀隊英勇事蹟的感染，一氣呵成譜寫了《大刀進行曲》。歌詞唱遍全國：

> 大刀向鬼子們的頭上砍去！
>
> 全國武裝的弟兄們！
>
> 抗戰的一天來到了，抗戰的一天來到了！
>
> 前面有東北的義勇軍，
>
> 後面有全國的老百姓，
>
> 咱們軍民團結勇敢前進，
>
> 看準那敵人，把他消滅，把他消滅！ 衝啊！
>
> 大刀向鬼子們的頭上砍去。殺！
>
> 大刀向鬼子們的頭上砍去！

歌詞唱出了國人對日本侵略軍的仇恨，唱出了前敵戰士們的英勇卓絕！中國福新煙草公司就在此時，推出了「大刀」牌香煙。後來，還隨煙奉送了《大刀進行曲》歌詞、曲譜，此舉轟動一時，人們競相搶購，以至一時貨斷，洛陽「煙」貴的局面。「大刀」品牌連續多年，一直到抗戰勝利依然暢銷不斷。

〔註5〕麥新（1914～1947），原名孫培元，別名默心、鐵克。原籍常熟，生於上海，1929年考入上海美商開辦的「美亞保險公司」當練習生，後轉為職員。1931年「九一八」事變後，開始參加抗日救亡運動。創作了抗戰歌曲《大刀進行曲》。

上圖為上海中國福新煙草公司出品的「大刀」牌香煙煙標

（三）西安事變

　　東北的淪陷，使國人悲慟愈絕。來自東北的流亡學生和難民，他們唱著悲憤淒涼的歌曲，向中原內地的民眾哭訴日寇的暴政，向政府請願抗敵，希望早日光復東北。他們那淒苦悲壯的歌聲響徹學校、工廠、集鎮、鄉村，乃至政府機關和市廛廣場：

> 我的家在東北松花江上，
>
> 那裡有森林煤礦，
>
> 還有那滿山遍野的大豆高粱。
>
> 我的家在東北松花江上，
>
> 那裡有我的同胞，
>
> 還有那衰老的爹娘。
>
> 九一八，九一八，一
>
> 從那個悲慘的時候！
>
> 脫離了我的家鄉，
>
> 拋棄無盡的寶藏，
>
> 流浪！流浪！

　　人們把希望寄託在少帥張學良的身上。有些煙草企業也認定了這一觀點，推出了一系列推崇張學良的香煙品牌，如南林煙草公司監製的「司令」牌、

華威煙廠推出的「將軍」牌，中國福新煙公司出品推出的「無敵」牌香煙，無不以張學良的頭像為標誌，來激發全國軍民的抗戰決心。這些品牌的大批售賣，就如標語和傳單一樣，時時影響人心。據記載《西安事變》的一個小冊子記述，當年駐軍西北內地的東北軍將士，他們日日枕戈待旦，盼著張學良少帥一聲令下，打回老家去，奪回東北。軍團的供給部也專門購賣「將軍」牌、「司令」牌香煙發放給將士，以勵軍心！

中國南林煙公司出品的「司令」牌香煙煙標

中國福新煙公司出品的「無敵」牌香煙煙標

　　張學良在 1934 年張任豫鄂皖三省剿總副司令。1935 年任西北剿總副司令。此時，日本侵華日亟，國民政府推行了「攘外必先安內」的政策，至使舉國要求停止內戰，實行抗日的呼聲日益高漲。

　　1936 年 12 月 4 日，蔣介石到西安督戰。張學良與第 17 路軍總指揮楊虎城一起向蔣介石面諫，遭到蔣介石的嚴詞拒絕。9 日，中國共產黨組織大規模的學生遊行示威，紀念「1.29」運動一週年。軍警開槍打傷了學生，群眾非常激憤，高呼「東北軍打回老家去，收復東北失地！」等口號，衝到臨潼，請願示威。張學良向群眾表示，一周之內將以實際行動答覆學生要求。12 日，張學良與楊虎城兵諫蔣介石，逼蔣聯共抗日，造成震驚中外的「西安事變」。

　　此事固然與小小的煙標無關，但這類煙標卻反映了那時人們日益高漲的抗日激情，並記錄著這一段歷史事實。

（四）7.7

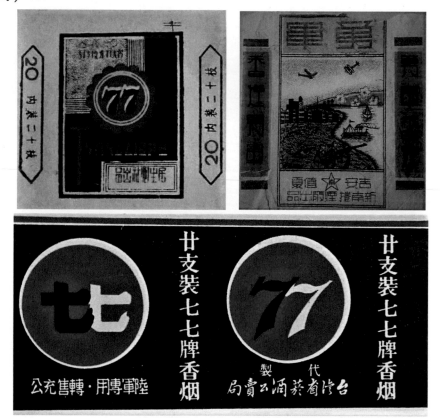

以上是 1937 年「七七」事變發生後，上海民生煙社、新南捲煙廠和臺灣煙酒公賣局出品的「七七」牌香煙的煙標。

　　在日本軍國主義集團的籌劃下，日軍開始向我國關內大舉進攻。1937 年 7 月 7 日夜，駐豐臺日軍河邊旅團第一聯隊，由中隊長清水節郎率領，開始對盧溝橋地區進行武裝挑釁。日軍詭稱有士兵失蹤，要求進城搜查。在遭到中國駐軍二一九團團長吉星文的拒絕後，日軍迅即包圍了宛平縣城，並於 8 日清晨就發起了猛烈攻擊，打響了攻城的第一槍。中國守軍忍無可忍，奮起還擊。「盧溝橋事變」就此揭開了全國抗戰的序幕。翌日，中共中央通電全國，號召中國軍民團結起來，共同抵抗日本侵略者。7 月 17 日，蔣介石委員長在盧山發表談話，宣布對日開戰。兩黨共同的呼籲得到全國各族、各界人民熱烈響應，抗日救亡運動空前高漲。

　　就煙草企業而言，上海民生煙社、新南捲煙廠及時推出了著名的「7.7」牌香煙和「勇軍」牌香煙。而後，如「忠孝」、「醒獅」、「獅王」等牌號的香煙不斷湧出。從一個小小的側面激勵著全國軍民在團結一心、共禦外辱的決心。

上圖為「七七」事變之後，市場出現了許多抗敵意義的新的香煙品牌，如「醒獅」、「獅王」牌香煙紛紛登場

（五）8.13

　　日軍為了達到全面佔領中國，實現「大東亞共榮圈」的侵略野心，再次覬覦上海。日軍從 1937 年的 8 月起，開始有計劃地撤離日僑，並進行各種軍事挑釁。8 月 9 日，日本海軍中尉大山勇夫駕車故意衝擊虹橋機場，被我軍當場擊斃。日軍便以此為藉口，派遣陸軍兩千餘人開赴上海，大戰一觸即發。

　　8 月 13 日晚，日軍登陸上海。虹口、閘北、南市都傳來了極為猛烈的轟炸聲與槍炮聲。國民政府當即發表了《抗戰自衛書》，宣布「中國決不放棄領土之任何部分，遇有侵略，唯有實行天賦之自衛權以應之」。日本天皇亦召開了御前會議，宣布派遣 5 個師團的精銳部隊，妄圖全面佔領上海。自此，中日兩國上百萬軍隊集聚上海，展開了長達數月的生死搏殺。煙標，同樣記述了這一歷史事實，並與上海軍民同呼吸、共戰鬥，起到了戰爭鼓動作用，成了抗戰中的標語和投槍。

以上在「淞滬會戰」時諸多煙廠出品的煙標，幾乎逐日記錄了日本侵略軍武力侵華的罪行。

　　自 8 月 13 日起，民國精銳之師與日本侵略軍展開了全面的激戰，並在局部戰役中取得了重大的勝利。但在沒有任何天然屏障可以防守的淞滬平原，面對海空占絕對優勢的日軍，傷亡巨大。其中，最為壯麗的戰爭場面，莫過於八百壯士的「四行保衛戰」。

中國大城煙草公司出品出品的「八百壯士」牌煙標

申報刊登的「八百壯士」牌香煙廣告

據《中國抗日戰爭史》記載:「當孫元良告訴楊瑞符營長,要他率領已遭重創的殘部退守四行倉庫,並要堅守 7 天,掩護全軍撤退時,他欣然受命。他明知他的部下有可能全部犧牲,依然擲地有聲地說:「大丈夫生而無懼,死而無怨!大敵當前,男兒自應以死報國」!而包圍四行倉庫的是日本王牌軍,在重炮、坦克的掩護下,不斷發起猛攻。但在守衛四行倉庫的中國戰士的頑強阻擊下,陣前扔下了無數日軍的屍體。」

上海市民振奮異常,在戰鬥的間歇中,他們為前沿戰士運來水、米、食物、水果、衣物、香煙、藥品、慰問信。各種物資,堆積如山。當他們得知,中國軍隊希望有一面國旗懸掛在四行倉庫頂上,以振國威、軍威時。少女楊惠敏自報奮勇,冒著生命危險,月夜泅水送來了一面大國旗。她在武漢發表的《自述》中說:「當我負著神聖的使命走到垃圾橋附近,爬過了鐵絲網,匍匐在地,爬過許多沙包堆,用了兩個多小時,終於爬到了四行倉庫,將國旗獻給了謝團副和楊營長。」當謝晉元與楊瑞符從這位 10 多歲的小姑娘手中接過國旗時,都情不自禁地向她行了軍禮。楊惠敏問謝晉元團長今後的打算,在場的軍人齊聲回答:「誓死保衛四行倉庫」!中國大城煙草公司出品的「八百壯士」牌煙標,就記述了這一歷史性的時刻。

(六)苦難歲月

由於日本軍國主義的瘋狂內侵,造成華夏大地狼煙四起,戰火頻仍。四萬萬炎黃子孫處於水深火熱、生靈塗炭的悲慘境地。工人無法上工,農民無法耕田,學生無法上學,商賈不能進行正常的營業。導至大江南北無一淨土,萬里山河一片哀鴻。加之江淮洪水泛濫,山陝大旱無雨,造成災民無數、餓殍滿野。戰爭的狼煙烽火、狼奔豕突,人如魚肉,命如草芥,四萬萬生靈處於地獄般的境地之中。

大批饑民擁入城市,啼饑叫寒、游離失所。政府和民間慈善機構、教會和商鋪,以及充滿愛心的民眾,紛紛發起救援。他們開粥廠、搞義賣、搞募捐,組建各種難民習藝所和難民安置委員會,幫助了無數難民,為他們解憂紓困。

另外,殘酷的戰爭造成了大批傷兵、傷員,或肢殘臂斷、或目瞽舌閹,缺醫少藥、孤立失援。他們徘徊街頭,或哀而乞憐,或怒而恣事,亦急需社會安撫救助。於是,各種傷兵救助所、勞軍委員會紛紛成立。儘管杯水車薪、寸被難覆,但全民盡力幫助,亦彰顯了一片愛心。

上海難民習藝所出品的「難胞牌」香煙

上海抗敵傷殘煙廠出品的「傷兵」牌香煙

這一切也被各色的香煙品牌記載了下來。原本包裹香煙時煙標，都是把鮮花、美女、歌皇、舞后等「美」的事物描畫出來，以爭奪銷費者的眼球、推銷產品。而在抗戰時期，這一切都發生了改變。設計者們把殺敵的戰場、戰爭中的英雄、勇士、大刀、槍炮，以及饑腸轆轆的難民、呦呦待哺的嬰兒、肢殘臂斷的戰士、手扶木拐的傷兵……都一一畫到了煙標之上。毫不遮掩地把戰爭的殘酷和人民的災難盡現在民眾面前，直觀地控訴著日本侵略者在中國犯下的滔天罪行，號召人民把仇恨化為行動，團結起來，用鐵拳和槍炮趕走日寇，奪回祖國的萬里河山！

（七）孤島抗戰

在上海淪陷期間的上海，人們稱其「一葉孤島」。日本、國民黨政府、中共駐滬機構，還有後來的汪精衛〔註6〕政府機構，成了膠著在一起的、不同政治派系的鬥爭的沙場。各派以不同的方式方法和形式與日寇及漢奸，進行著或「直線」、或「曲線」、或真槍實彈、或陰謀暗殺等手段，進行著除奸除惡的鬥爭。抗日的主流並未被反動勢力所扼殺，反而越演越烈。

就愛國的煙草戰線來說，明目張膽的抗日口號和標語，不能再直工直令地印在煙標之上，但他們則利用含沙射影、指東說西的手法，堅持抗戰宣傳、提醒民眾勿忘國恥。於是，市面上出現了許多借古喻今、講古比今，弘揚忠勇、鼓勵正氣的香煙品牌。例如，中國煙草公司出品的「一致」牌香煙，煙標借用「羿射九日」的神話故事，並附以「惟有一致同心」的口號，高調號召民眾「團結一心，齊心滅日」！圖中繪有英雄后羿正拉弓引箭，描準天上的紅日。個中寓意，人人一看便知。據說此標一出，即被奸人舉報，中國煙草公司老闆章某某便被日寇捕入憲兵隊，受盡酷刑摧殘，九死一生。

又如，中國明泰煙草公司推出了，以岳飛的故事為主題的「武穆」牌香煙，頓時風靡一時。因為人人都知道「精忠報國」的岳飛岳武穆，是響噹噹的抗金英雄。他用血淚書寫的《滿江紅》膾炙人口，長幼能誦。一見煙標上的岳武穆，人們頓曉「靖康恥、猶未雪，臣子恨，何時滅！」的典故，復仇之心，

〔註6〕汪精衛（1883～1944），又名汪兆銘，祖籍浙江山陰，出生於廣東三水，字季新。早年投身革命，曾謀刺清攝政王載灃未遂，後到法國留學。回國後於追隨孫中山革命。1921年孫中山在廣州就任非常大總統，汪精衛任廣東省教育會長、廣東政府顧問。1924年任中央宣傳部長。思想明顯退變，於抗日戰爭期間投靠日本，在南京成立偽國民政府，淪為漢奸。

油然而生。面對這些無聲的抗議，日酋見之亦無可奈何。

以上為中國煙草公司出品的「一致」牌香煙煙標和中國明泰煙廠出品的「武穆」牌香煙煙標

　　與此同時，市面上還出現了「史可法」、「于謙」，「花木蘭」、「梁紅玉」、「秦良玉」等品牌的香煙，登場熱買，大受歡迎。用古代賢良和古代的女英雄激發著人民的鬥志，憤吐心聲。彼時，還有一款「薛仁貴」牌的香煙問世。因為人人都知道，薛仁貴的故事精華在於《薛仁貴征東》。他是「東征夷敵」的大英雄，明顯把矛頭直指日本。只要薛仁貴一出現，東夷必定巢覆人傾、大敗無疑。處在孤島之中的愛國企業家們，就是這樣在日寇的眼皮底下，與侵略者和漢奸斡旋鬥爭，進行著不動槍炮的筆伐！

振中煙草公司出品的「薛仁貴」牌香煙煙標

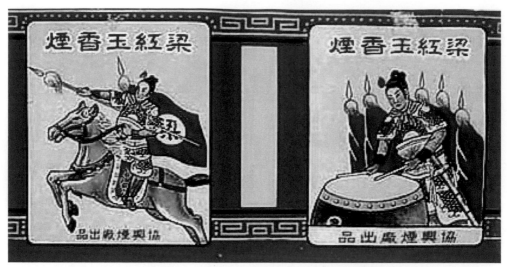

協興煙廠出品的「梁紅玉」牌香煙煙標

（八）勝利在望

中國軍民的英勇抗戰，不畏犧牲的精神，贏得了世界愛好和平的國家和人民的同情和支持。彼時，世界也在發生巨大的變化。德國法西斯在希特勒的煽動下，在歐洲發起了全面的侵略戰爭，以閃電般的速度佔領了法國和波蘭。隨之與意大利、日本結成了軸心國，從南線發動攻勢，入侵蘇聯，以求在頓河地區消滅蘇軍主力，奪取高加索油田。從而揭開斯大林格勒戰役的序幕。在亞洲太平洋戰場上，1940 年 12 月 7 日凌晨，日軍不宣而戰，偷襲了美軍基地珍珠港。他們以極小的代價，炸沉、炸傷美國戰列艦 8 艘、大型艦船 10 餘艘、擊毀飛機 260 餘架，幾乎造成美軍基地全軍覆沒。次日，美、英對日宣戰。11 日，德國、意大利夥同日本對美宣戰。從而，挑起太平洋戰爭，戰火迅速席捲了東南亞，進逼大洋洲，將美國及美洲、大洋洲許多國家捲入戰爭。此時，中國與英、美、法、蘇組成了反法西斯聯合同盟，開始了全面抗戰的大反攻。美國支持的現代化武器和戰備物資，源源不斷的到來，陳納德的飛虎隊建成，給中國醒獅增添了堅強的翅膀。中原大戰、中條山大戰的節節勝利，為中國軍隊贏來了「戰無不勝的鐵軍」稱號。此時日軍的敗跡已顯，換來的是中國人的歡呼，勝利在望鼓舞著每個中國人的心田。

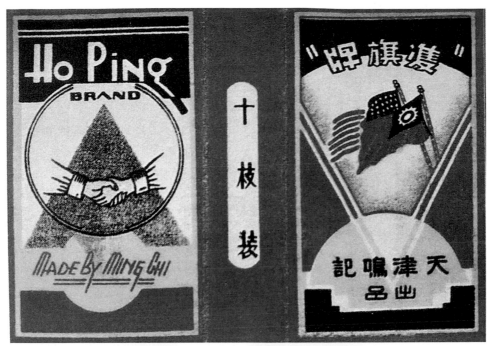

天津鳴記出品的「雙旗」牌香煙煙標

旌德建華煙廠出品的「同盟」牌香煙煙標

何芸蓼煙莊出品的「大飛機」牌香煙煙標

中國煙草公司出品的「光明」牌香煙煙標

中國新民煙廠出品的「艦炮」牌香煙煙標

中國新業煙草公司出品的「凱旋」牌香煙煙標

　　煙草業亦歡欣鼓舞，推出了大量抗戰報捷和迎接勝利的品牌。這些品牌不僅把國際反法西斯的重大新聞如同「號外」一般，及時予以報導，諸如「開羅宣言」、「亞爾塔會議」等都成了香煙品牌，就是「太平洋戰爭」、「中途島大戰」也都成了香煙宣傳的重大題材。

（九）9.3

　　1945年上半年，蘇、美、英盟軍在歐洲戰場取得了戰勝德國法西斯的偉大勝利。1月，蘇軍向德軍發動強大攻勢，打破了希特勒的防禦計劃。3月，美、英等國在西歐的軍隊攻入德國腹地。5月2日，攻佔柏林。希特勒自殺身亡。5月8日，德國最高統帥部宣布無條件投降。意大利游擊隊逮捕了法西斯頭目墨索里尼，判處死刑。

　　德、意法西斯的覆滅，使日本法西斯陷於孤立。1945年2月，反法西斯同盟國決定進一步加強合作，完成對日本的最後作戰。根據雅爾塔協定，4月25日，聯合國制憲會議在美國舊金山舉行。中國政府派宋子文等十人為首席代表，簽署了《聯合國憲章》，中國成為聯合國安理會五個常任理事國之一。6月下旬，美軍進攻並佔領沖繩，完成「越島進攻」的最後一戰，為進攻日本本土創造了條件。

　　在中國正面戰場上，我軍在老河口戰役、湘西芷江戰中也取得了重大勝利，共斃傷日軍約4萬餘人。收復了南寧、桂林、柳州等地。8月，蘇軍進入東北，

日軍迅速土崩瓦解。8月6日和9日，美軍為了盡快結束戰爭，給日本以致命的一擊，向廣島和長崎投擲了兩枚原子彈。在各國的巨大壓力下，8月15日中午，日本天皇裕仁以廣播《終戰詔書》的形式，向全世界宣布無條件投降。

消息傳來，舉國歡騰，士農工商、黨政軍民，莫不歡欣鼓舞、彈冠相慶。八年之久的浴血抗戰，終於贏來了勝利的碩果。大學問家陳寅恪〔註7〕「聞日本乞降喜賦一詩，云：

降書夕到醒方知，何幸今生見此時。聞訊杜陵歡至泣，還家賀監病彌衰。國仇已雪南遷恥，家祭難忘北定時。念往憂來無限感，喜心題句又成悲。

近代詩人杜芷薌〔註8〕亦即興作詩云：

太息中原幾陸沉，閒談往事足酸辛。八年奮鬥勞豪士，一旦投降辱矮人。勝利果然操左券，和平於以慰編氓。邦基從此安磐石，指望河山氣象新。

次年4月，國民政府決議將慶祝勝利的9月3日，定為抗戰勝利紀念日。諸多煙廠亦推出新產品、新品牌以慶祝這一光輝的日子。

延吉捲煙廠出品「9.3」牌香煙

〔註7〕陳寅恪（1890～1969），字鶴壽，江西修水人。中國現代集歷史學家、語言學家、詩人於一身的百年大家。先後任職任教於清華、西南聯大、燕京大學教授。著有《金明館叢稿》《寒柳堂記夢》等。

〔註8〕杜芷薌（1872～1960），字次揚，號逸叟，無錫江陰人，近代詩人。

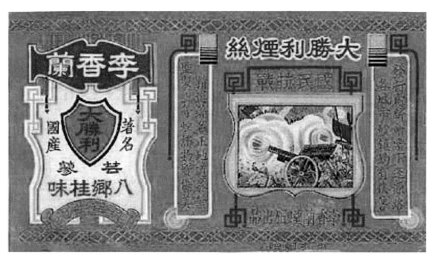

李香蘭煙廠出品的「大勝利」牌煙絲。

中國聯合煙廠出品的「大勝利」牌香煙。

中聯煙廠出品的「勝利門」牌香煙